MISE AU POINT

Cahier d'exercices écrits
Troisième édition

Michael D. Kliffer
McMaster University

Harcourt Canada

Toronto Montreal Fort Worth New York Orlando
Philadelphia San Diego London Sydney Tokyo

Finalement, tendant vers le pôle de créativité susmentionné, nous proposons des compositions dirigées servant à exploiter le vocabulaire du chapitre, ainsi que des débats et des saynètes ayant pour but de faire réfléchir et de stimuler la communication. Ces activités, espérons-le, amèneront les étudiants à s'approprier les champs lexicaux autant sur le plan personnel et affectif que sur le plan scolaire.

Mise au point, troisième édition comporte de nombreuses modifications, à savoir des phrases « déshydratées » à la place de certaines traductions, le corrigé des exercices écrits (ajouté au *Cahier du maître*) ; en outre, il n'y a pas d'exercices oraux dans cette édition.

Je tiens à remercier mes collègues du département de français de l'Université McMaster de leur patience et de leur appui constants, ainsi qu'Ellen Chapco (Université de Regina), Maura Dubé (Université de Guelph), Don Gamble (Université Memorial de Terre-Neuve), Michel Parmentier (Université Bishop), Jean-Paul Mas (Université de Victoria), George Nahrebecky (Université de Ste Mary), François Paré (Université de Guelph) et Gilbert Taggart (Université Concordia).ß

Michael D. Kliffer
McMaster University

TABLE DES MATIÈRES

CHAPITRE 1

EXERCICES ÉCRITS

A (SECTION II.A)

Mettez les verbes suivants au présent. Avant de faire cet exercice, révisez tous les verbes donnés dans le chapitre ainsi que les verbes irréguliers de l'appendice. (Corrigé)

1. recevoir   je _____   vous _____
2. mentir   elle _____   nous _____
3. surprendre   vous _____   ils _____
4. rincer   nous _____   toi et lui _____
5. faire   ils _____   vous _____
6. offrir   j' _____   vous et moi _____
7. valoir   tu _____   il _____
8. tenir   je _____   elles _____
9. résoudre   vous _____   Marc _____
10. plaire   tu _____   ils _____
11. fuir   elle _____   toi et moi _____
12. craindre   je _____   ils _____
13. se battre   nous _____   tu _____
14. envoyer   il _____   vous _____
15. s'asseoir   je _____   ils _____
16. rire   nous _____   elles _____
17. rougir   tu _____   vous _____
18. courir   il _____   ils _____
19. rejoindre   je _____   nous _____
20. vaincre   elle _____   vous _____

B (Section III.A)

Mettez les verbes entre parenthèses à la forme convenable de l'impératif. Attention !
Le choix de **tu** ou de **vous** dépend de la personne ou des personnes à qui l'on parle.
Il peut y avoir aussi dans la phrase d'autres indices du traitement requis, tels un
pronom sujet ou un adjectif possessif.

1. Mario, (déposer) _____ ta serviette sur la table et (suivre) _____-moi.

2. (avoir) N' _____ pas peur, Yvette, on s'occupera immédiatement de
   ta demande.

3. Paul et Pierrette, (accueillir) _____ l'ambassadeur dans le salon.

4. Oui, mes amis, (savoir) _____ bien qu'on vous prend très au sérieux.

5. Dès que tu sera rentré, (appeler) _____-moi.

6. Puisque vous refusez de nous aider, (partir) _____ tout de suite, Margo
   et Olivier.

7. Puisque nous voulons absolument faire bonne impression, (être) _____
   à l'heure.

8. Chéri, j'ai passé une journée des plus désastreuses, alors (emmener)
   _____-moi diner au restaurant ce soir.

9. Vivienne et Alain, (remplir) _____ ce formulaire sans poser de questions !

10. Eh bien, Paul, pour que ta copine ne te prenne plus pour un réactionnaire,
    (offrir) _____-lui un abonnement au Nouvel Observateur.

C (Sections II.A, II.B, IV.D)

Traduisez en français.

1. *I have been explaining the situation to them since this morning.*

   _____

   _____

2. *My daughter has known* (connaître) *Chinese for several years.*

   _____

   _____

3. *Philibert discussed politics with us for almost an hour.*

_____

_____

4. *Tonight I'm going out for a few hours.*

_____

_____

5. *For two years we've been trying to become bilingual.*

_____

_____

6. *We've been hoping to see the results for four days.*

_____

_____

7. *The Prime Minister spoke for only two or three minutes.*

_____

_____

8. *The interpreters are going to Trois-Rivières for two days.*

_____

_____

D (SYNTHÈSE)

Mettez les verbes entre parenthèses au présent et ajoutez **depuis** ou **pour** devant les expressions de temps.

Au début, notre fillette Angélique (s'asseoir) _____ sur un banc qui (paraître) _____ avoir été fait juste pour elle. Elle (jeter) _____ un coup d'œil sur un petit passant qui lui (envoyer) _____ à son tour un regard tout aussi plein de curiosité. Quand elle (s'apercevoir) _____ que le garçon lui (sourire) _____, elle (rougir) _____ sur le champ. Ma femme et moi nous (commencer) _____ à sourire aussi. Comme nous (craindre) _____ d'embarrasser Angélique davantage, nous (découvrir) _____ un autre banc un peu éloigné du sien, et nous (s'y asseoir) _____ discrètement. Angélique (suivre) _____ le gamin des yeux, lui (tirer) _____ la langue. Quand le petit

(courir) _____ après elle, le regard plein de fureur, la petite (se lever)
_____ d'un bond, le (fuir) _____ pendant quelques secondes, puis
(revenir) _____ à l'attaque. Les deux (recevoir) _____ des coups l'un de
l'autre, mais évidemment nous (intervener) _____ au plus vite et (réussir)
_____ à prevenir un vrai mini-carnage. Quelle surprise !

Le garçon est un voisin très sympa qu'on n'a pas vu _____ des mois. Dès que
nous le (reconnaître) _____, notre pauvre fille (mourir) _____ de honte et
nous prie de nous en aller _____ quelques minutes afin qu'ils fassent la paix.

E (SYNTHÈSE)

Vous écoutez une amie qui vous raconte ses divers problèmes. Répondez-lui par
l'impératif des verbes indiqués en ajoutant d'autres détails pertinents.

> ### *Modèle*
>
> **Vous lisez** : « Toute ma famille va sortir ce soir et je n'ai nullement envie d'être
> toute seule dans la maison. » inviter / servir un beau dessert
>
> **Réponse possible** : Invite des amis chez toi et sers-leur un beau dessert.

1. « Martin et moi nous nous sommes disputés hier soir pour une bétise. »
   appeler / proposer

   _____

   _____

2. « Mes parents m'ont défendu de sortir ce soir parce que j'ai deux compositions
   à terminer pour demain. » être sage / finir

   _____

   _____

3. « Hélène m'a demandé la voiture car elle doit voir son médecin, mais j'en ai
   absolument besoin aujourd'hui. » conduire chez le médecin / rejoindre après

   _____

   _____

Maintenant vous êtes le patron ou la patronne qui parle avec une nouvelle employée.
Employez encore des impératifs, mais n'oubliez pas qu'il faut vouvoyer (utiliser **vous**)
en parlant avec cette personne.

4. « M. Dufour n'a pas payé notre dernière livraison. » rappeler / avertir

_____

_____

5. « La photocopieuse est toujours en panne et voilà deux jours que le technicien promet de venir. » ne pas hésiter à / autrement, en acheter une autre

_____

_____

F (SYNTHÈSE)

Faites des phrases à partir des éléments suivants. Lorsque deux mots sont séparés par une barre oblique (/), choisissez l'un des deux. N'oubliez pas de faire l'accord des adjectifs et des verbes. Vous devrez parfois ajouter des mots ou changer leur ordre ou leur forme.

Modèle

Vous lisez : Nous parler lui / la problèmes actuel Canada

Réponse possible : Nous lui parlons des problèmes actuels du Canada.

---

1. Anne couramment parler russe des années, mais elle rougir quand je demande la / lui dire quelque chose en russe

_____

_____

_____

2. Elles venir traduire certain documents confidentiel chinois français

_____

_____

_____

3. Nous échanger impressions universités québécois

_____

_____

_____

4. On venir permettre nations africain francophone prendre part sommet

_____

_____

_____

5. Maman, si Michèle devoir aller Montréal, deux jours, demander la / lui acheter dictionnaire argot

_____

_____

_____

6. Héloise d'habitude avare paroles, mais après quelque bières, elle parole facile

_____

_____

_____

G ACTIVITÉS

Composition dirigée

Écrivez 300 mots environ sur le langage et le contenu de la publicité. À quel point la publicité est-elle utile ? dangereuse ? Devrait-on la réglementer dans des domaines délicats tels l'alcool, ou les préservatifs (condoms) comme défense contre le SIDA ? Incorporez DIX des expressions suivantes dans votre composition et soulignez celles dont vous vous servez.

discuter de	interpréter
nier	déclarer
faire savoir	conseiller
renseigner	permettre
proposer	décrire
mentir	dire un mensonge
dire la vérité	avoir la parole facile
garder le silence	

Débat

Les Européens reprochent aux Américains, et parfois aux Canadiens anglais, de ne vouloir parler que l'anglais en voyageant dans des pays non anglophones. Êtes-vous d'accord avec cette critique ? Chaque équipe gagnera un point pour chaque expression du vocabulaire de ce chapitre correctement employée.

CHAPITRE 2

EXERCICES ÉCRITS

A (SECTION I.A)

Mettez les infinitifs à la forme du passé composé qui convient. (Corrigé)

1. Christine (résoudre) _____ de faire un doctorat.

2. Georges et Philippe nous (surprendre) _____.

3. Elles (revenir) _____ tard.

4. Je (ne pas les croire) _____.

5. Est-ce que tu (vivre) _____ en Suisse ?

6. Patricia (naître) _____ deux ans après moi.

7. Hélène et Joséphine nous (emmener) _____ dîner.

8. Est-ce que le spectacle (plaire) _____ aux notables ?

9. Le film nous (décevoir) _____.

10. Est-ce que ta femme (ouvrir) _____ ton cadeau ?

11. Ce matin il (ne pas pleuvoir) _____.

12. Pourquoi est-ce qu'ils (devoir) _____ partir ?

13. Ma grand-mère (écrire) _____ à sa belle-sœur.

14. Est-ce que vous (rentrer) _____ les chaises ?

15. Où sont les journaux que je (ne pas encore lire) _____ ?

16. Tu (mettre) _____ du poivre dans le gâteau ?

17. Est-ce que tes copains (atteindre) _____ leur but ?

18. Ma femme (mourir) _____ en 1985.

19. Je (ne pas suivre) _____ de cours depuis 1980.

20. Pourquoi est-ce que tout le monde (rire) _____ de moi ?

21. Marie (rougir) _____ quand elle (tomber) _____.

22. Je (ne jamais vouloir) _____ te faire mal !

23. M. Lebrun, est-ce que le feuilleton vous (distraire) _____ ?

24. C'est une femme qui (souffrir) _____ pendant de longues années.

25. Toute la classe (se taire) _____.

B (Section II.A)

Mettez les verbes à l'imparfait. (Corrigé)

1. Jeannine mange trop _____.

2. Marc jette sa pizza _____.

3. Dénonces-tu les contrebandiers _____ ?

4. Nous fortifions le camp _____.

5. Ils menacent les passants _____.

6. Nous voyageons en Russie _____.

7. Je me bats constamment avec Thérèse _____.

8. Mon amie s'appelle Yvette _____.

9. Vous riez encore _____ ?

10. Paul nous emmène souvent dîner _____.

C (Section I.A)

Mettez les infinitifs entre parenthèses au passé composé. Attention à l'accord du participe passé et au choix de l'auxiliaire.

1. Êtes-vous contents des paquets que nous vous (apporter) _____ ?

2. Georgette (descendre) _____ ses propres valises.

3. Mes voisins du 2e (monter) _____ me voir.

4. Marie-Louise et Victor ? Je leur (offrir) _____ des crêpes.

5. Combien d'heures est-ce qu'il (falloir) _____ pour terminer le rapport ?

6. Des ennuis ? J'en (connaître) _____, moi !

7. Quels documents est-ce que vous (joindre) _____ à la lettre ?

8. Les négociateurs (conclure) _____ l'entente.

9. Voilà les informations qu'on (rendre) _____ publiques.

10. Voilà la robe que tu (faire) _____ recoudre.

11. Ma copine adore les chrysanthèmes, mais elle (ne pas en acheter) _____ ce matin.

12. Où sont les fleurs que tu nous (promettre) _____ ?

13. Quel désastre ! Mes tantes (rester) _____ plus de trois heures.

14. Combien de ses buts est-ce que Pauline (atteindre) _____ ?

15. Quelles leçons est-ce qu'ils (pouvoir) _____ apprendre en un jour ?

D (SECTIONS I.B ET II.B)

Mettez les verbes entre parenthèses à l'imparfait ou au passé composé.

1. Henriette (être) _____ gênée jusqu'à ton arrivée. Quand je (remarquer) _____ sa nervosité en entrant, je (croire) _____ qu'elle (avoir) _____ envie de fuir.

2. Pendant que la femme de Georges (se plaindre) _____ de son égoïsme, il (partir) _____ en jurant qu'il (ne plus vouloir) la voir.

3. Quand tu (me dire) _____ que tu (venir) _____ d'avoir une réaction allergique à un parfum, je (se rendre) _____ compte que c'(être) _____ celui dont je (se méfier) _____ depuis des mois.

4. À partir du jour où son copain (la quitter) _____, Mariette (croire) _____ être libérée d'un fardeau (*burden*).

5. Quand Jacques m'(assurer) _____ qu'il (s'en aller) _____ le lendemain rejoindre Roxanne, j'(avoir) _____ tout de suite l'impression qu'ils (s'entendre) _____ beaucoup mieux que nous ne (croire) _____.

E (SECTIONS I.B ET II.B)

Mettez les verbes au passé composé ou à l'imparfait.

Il (être) _____ une fois un roi très puissant qui (posséder) _____ de grandes richesses et (savoir) _____ très sagement les administrer. Sa famille (habiter) _____ depuis des siècles dans le même royaume, celui des Ahunzas. Ce royaume-là (paraître) _____ toujours paisible aux visiteurs qui parfois s'y (rendre) _____ et qui y (passer) _____ des jours tranquilles et heureux. Les hommes et les femmes (sembler) _____ plus beaux qu'ailleurs, les enfants y (jouer) _____ avec plus de bonheur.

En ce temps-là les gens (croire) _____ en l'astrologie et chaque monarque (choisir) _____ un astrologue qui (demeurer) _____ attaché à son entourage. Aussi chaque fois qu'un enfant (naître) _____ on (appeler) _____ l'astrologue du roi pour qu'il détermine l'horoscope de l'enfant. Le roi (avoir) _____ neuf filles, mais pas de fils. Dans une société aussi traditionnelle et patriarcale que celle des Ahunzas, un héritier mâle (constituer) _____ une nécessité. Finalement, le 9 avril de cette année-là, un fils (venir) _____ au monde. Le roi (organiser) _____ de grandes célébrations et tout son peuple (danser) _____, (boire) _____ et (manger) _____ pendant une semaine entière. Il (faire) _____ venir également l'astrologue au Palais et le (prier) _____ de faire l'horoscope du Prince héritier. Le vieil homme qui (avoir) _____ la charge de cette fonction (arriver) _____ (se mettre) _____ au travail. Cela lui (prendre) _____ au moins 24 heures, et il (devoir) _____ se servir de nombreuses tables mathématiques ainsi que d'une quantité de vieux livres que les serviteurs lui (amener) _____ en courant chaque fois qu'il (lever) _____ les yeux de ses papiers et en (exiger) _____ un. Quand finalement l'horoscope (être) _____ établi, il (accepter) _____ d'appeler le roi et il (partager) _____ avec lui les résultats de ses recherches. Il lui (révéler) _____ que la destinée du jeune Prince (se présenter) _____ de manière tragique, que les étoiles (dessiner) _____ une vie pleine de difficultés et de dangers et que la seule manière d'éviter une mort violente lui (paraître) _____ d'envoyer l'enfant dans une île déserte où il passerait le reste de ses jours dans la solitude et le calme. Cette nouvelle (faire) _____ très peur au roi qui (exprimer) _____ son émotion en des termes assez violents. Cependant à la fin il (se résigner) _____ aux conseils du vieil astrologue et (consentir) _____ à envoyer le bébé dans une île éloignée de toute civilisation. Le lendemain, on (préparer) _____ un grand bateau à voiles. La reine (recevoir) _____ la permission d'accompagner l'enfant dans l'île déserte et d'y passer quelque temps avec lui. Pouvez-vous deviner ce qui (arriver) _____ au pauvre Prince ? Si j'(avoir) _____ le temps, je vous raconterais le reste de l'histoire.

F (SECTION III)

Complétez les phrases suivantes avec une expression qui contient **fois**, **temps**, **heure**, ou **moment**.

1. Il _____ une _____ une sorcière qui voulait devenir princesse.

2. _____ _____ _____ autre, Henri dîne au restaurant.

3. Je ne peux pas venir t'aider _____ _____ _____.

4. Es-tu arrivé _____ _____ pour écouter le sermon ?

5. _____ est _____ de te lever : tu as déjà assez dormi !

6. Est-il possible d'avoir raison et tort _____ _____ _____ ?

7. _____ _____ des croisades, les chroniqueurs étaient plus appréciés qu'aujourd'hui.

8. Son père l'a grondé parce qu'il _____ son _____ _____ jouer au flipper (*pinball*).

9. Tu as mis trois heures à répondre à mon coup de téléphone. Que faisais-tu tout _____ _____ ?

10. La chanteuse a divulgué le secret _____ même _____ _____ sa rivale.

G VOCABULAIRE

Remplissez les tirets par un mot du vocabulaire de la leçon 2.

1. Un journal qui _____ chaque semaine s'appelle un _____.

2. J'ai appris ce scandale en lisant les faits _____.

3. Tu pourrais acheter cette revue au _____ _____ journaux, au coin de la rue.

4. Un reportage principal s'appelle un article _____ _____.

5. Quand va-t-on mettre le public _____ _____ _____ cette catastrophe ?

6. Depuis combien de temps est-ce qu'on _____ l'enquête ?

7. Il faut _____ _____ _____ _____ cette affaire de corruption gouvernementale !

8. Dites aux élèves qu'ils doivent d'abord _____ _____ _____ les pluies acides avant de faire un rapport là-dessus.

9. Connaissez-vous la _____ en chef du *Devoir*?

10. Pour _____ le plus de lecteurs possible, il faut mettre l'annonce dans un journal _____ _____ _____.

H ACTIVITÉS

Composition dirigée

Vous êtes un(e) journaliste chargé(e) de faire un reportage sur l'avortement (*abortion*). Comment vous y prendrez-vous? Décrivez, par exemple, les façons dont vous vous informerez, dont vous exposerez vos renseignements, dont vous traiterez les partisans du pour et du contre (faut-il viser l'objectivité?), et la manière dont vous défendrez votre reportage face à la rédactrice en chef, qui, elle, est loin d'être objective sur la question. Longueur: 300 mots. Incorporez dans la composition DIX des expressions suivantes et soulignez celles dont vous vous êtes servis.

parcourir	suivre l'actualité
se plonger dans	revue médicale
un éditorial	vulgariser
rejoindre	rédaction
exposer au grand jour	avertir
fouiller	réunir une documentation
faire des recherches	lire en diagonale
lire de bout en bout	

Débat

La responsabilité d'informer le public s'oppose souvent aux droits personnels des personnages publics (par exemple, en politique, dans le monde du cinéma). Lequel de ces deux principes faut-il respecter davantage? Chaque équipe gagnera un point pour chaque expression du vocabulaire de ce chapitre correctement employée.

C H A P I T R E   3

EXERCICES ÉCRITS

A (SECTION I.A)

Donnez l'infinitif du verbe. (Corrigé)

1. Ils se turent _____
2. Elle sut _____
3. Je tins _____
4. Nous crûmes _____
5. Pierre vécut _____
6. Ils reçurent _____
7. Tu résolus _____
8. Elle vit _____
9. Ils durent _____
10. Ils prirent _____

B (SECTION I)

Mettez les infinitifs entre parenthèses au passé simple ou à l'imparfait.

1. L'attaché culturel (savoir) _____ tout à coup que l'ambassadrice (se méfier) _____ de lui depuis des mois.

2. L'héroïne du feuilleton (venir) _____ dire à son gardien qu'elle (ne plus croire) _____ en Dieu.

3. Pendant que nous (discuter) _____ de la fin du film, le scénariste (recommander) _____ à ses apprentis de tout récrire.

4. Jacques m'(annoncer) _____ les résultats du vote, et je (faire) _____ des efforts pour ne pas m'évanouir.

5. Pendant quelques secondes, l'écran (être) _____ inondé de lumière.

6. Martin (écrire) _____ à sa tante qu'il (devoir) _____ rester au lit.

7. Mireille (avertir) _____ son compagnon du danger imminent, mais il ne la (croire) _____ pas.

8. Puisqu'il (être) _____ déjà tard, le metteur en scène (prendre) _____ la décision d'arrêter la répétition.

9. Nous (vivre) _____ quelques années dans le Midi et, en 1877, nous (retourner) _____ à Paris.

10. Christine et Norbert (promettre) _____ de ne pas oublier leurs engagements et ils (tenir) _____ leur parole.

C (SECTION I)

Mettez les infinitifs entre parenthèses au passé simple ou à l'imparfait.

Paula (être) _____ une jeune fille de bonne famille, élevée dans un quartier chic et qui (aller) _____ à l'église tous les dimanches. Soudainement, après son dix-septième anniversaire, elle (avoir) _____ envie de devenir parachutiste. Elle (téléphoner) _____ à une école de pilotes et (s'inscrire) _____ au cours d'entraînement que cette institution (offrir) _____ le mardi et le dimanche. Sa vie (changer) _____ du tout au tout dans l'espace d'une semaine. Elle (se mettre) _____ à apprendre à tomber en chute libre, à développer sa résistance musculaire et à maîtriser les rudiments du judo. Au début, ses camarades, surtout les garçons, (rire) _____ d'elle mais, peu à peu, ils (s'habituer) _____ à sa présence et lui (témoigner) _____ même une certaine sympathie. Finalement elle se (trouver) _____ une place dans un environnement différent mais, pour elle, intéressant. Il y (avoir) _____ un seul problème : ses anciennes amies et même sa propre famille ne (comprendre) _____ rien à ses choix, qu'ils (percevoir) _____ comme excentriques et bizarres. Pour essayer de les leur faire accepter, elle leur (décrire) _____ sa vie et leur (proposer) _____ même de les emmener visiter l'école de pilotes et de parachutistes. Cela (supposer) _____ une certaine ouverture d'esprit que tous ne (posséder) _____ pas. Mais au bout d'un certain temps, ceux qui l'(aimer) _____ bien (finir) _____ par ne plus se moquer autant d'elle. Une quasi-victoire, quoi !

D (SECTION II.A)

Mettez le verbe à l'infinitif au plus-que-parfait.

1. Mes amies (partir) _____.
2. Jean nous (écouter) _____.
3. C'était un principe qu'il (falloir) _____ abandonner.
4. Quelle lettre est-ce qu'ils vous (écrire) _____ ?
5. François (combattre) _____ bien avant la conscription.
6. Ils nous (téléphoner) _____.
7. Est-ce que vous (descendre) _____ les valises ?
8. Ma nièce (rentrer) _____ deux heures plus tôt.
9. Et si Marianne (venir) _____ te voir ?
10. Je vous (répondre) _____.

E (SECTION II.B)

Mettez les verbes entre parenthèses au passé composé, à l'imparfait ou au plus-que-parfait.

1. Quand ils nous (voir) _____, ils (jurer) _____ que le directeur (donner) _____ son approbation deux jours avant.
2. Quand j'(avoir) ton âge, trois hommes (déjà demander) _____ ma main.
3. Nous (rester) _____ à la maison parce que la météo (venir) _____ de prévoir une tempête.
4. Puisque Thérèse nous (demander) _____ de venir vers six heures, nous (entreprendre) _____ les préparatifs vers cinq heures.
5. Comme tous les prisonniers (paraître) _____ crever de faim, je leur (offrir) _____ tout ce qu'il me (rester) _____.

6. On (avoir) _____ hâte de voir le curé parce que quelqu'un (voler) _____ l'argent des offrandes.

7. Quand nous (s'approcher) _____ de la vedette, son garde du corps (intervenir) _____, alors nous (ne pas pouvoir) _____ la voir.

8. J'(être) _____ sur le point d'ouvrir la boîte que les employés (laisser) _____ dans le hall lorsque la police (arriver) _____.

9. Puisque mon client (ne pas indiquer) _____ son adresse, nous (devoir) _____ revenir sur nos pas et finalement il nous (être) _____ possible de le repérer.

10. Le 20 mai, Jean-Jacques (fuir) _____ la ville parce qu'on (soupçonner) _____ qu'il (cambrioler) _____ plusieurs maisons.

F (SECTION II)

Mettez les verbes entre parenthèses au passé composé, à l'imparfait ou au plus-que-parfait. Attention à l'accord du participe passé. Faites les élisions qui s'imposent.

Quand j'(être) _____ jeune, mes parents et moi (passer) _____ toujours les vacances au bord du lac, dans une petite maison que mes grands-parents (construire) _____ vers 1920. Chaque été nous (reprendre) _____ le même chemin, qui nous (permettre) _____ de regagner cet endroit spécial. Mes amis nous y (rejoindre) _____ souvent : on (nager) _____ on (lancer) _____ des pierres dans le lac, on (courir) _____ dans la forêt qui (longer) _____ le lac.

Je me rappelle surtout un soir de juin 1944. On (venir) _____ de terminer le repas, ma mère (faire) _____ la vaisselle et mes amis, qui (arriver) _____ la semaine d'avant, (être) _____ en train d'écouter une histoire d'épouvante à la radio. Tout à coup, il (y avoir) _____ trois coups secs à la fenêtre et je (croire) _____ que l'histoire d'épouvante (aller) _____ finir par se réaliser. Comme il (ne pas y avoir) _____ de lune, je (voir) _____ très mal. Puis j'_____ (apercevoir) _____ une femme qui (sembler) _____ être très en colère. Nous (rester) _____ quelques secondes sans rien faire. Puis je (penser) _____ à appeler ma mère, mais les autres (ne pas vouloir) _____. Ils (croire) _____ que c'était à nous de résoudre ce problème. La nuit (obscurcir) _____ les traits de la femme, mais il était évident qu'elle (devenir) _____ de plus en plus fâchée et qu'il (falloir) _____ agir vite. D'abord je (vouloir) _____ saisir le fusil de mon père, mais je (ne pas pouvoir) _____ l'atteindre. Alors je (courir) _____ vers la cuisine avertir ma mère,

malgré les réserves de mes amis, mais ma mère (ne pas s'y trouver) _____.
C'est à ce moment que je (comprendre) _____ que la femme mystérieuse,
c'était ma mère. Elle (sortir) _____ par la porte arrière, quelques minutes
auparavant, oubliant ses clés. Arrivée à la porte de devant, elle (ne pas réussir)
_____ à se faire entendre à cause de la radio.

G (SECTIONS II ET III)

Mettez les verbes entre parenthèses soit au plus-que-parfait, soit au passé
surcomposé.

1. Aussitôt que le spectacle (prendre) _____ fin, nous sommes partis tout
   soulagés.

2. Chaque représentation, après que la vedette (entrer) _____ en scène, tous
   se levaient pour l'applaudir.

3. Quand le cordonnier (finir) _____ de raccommoder mes chaussures, sa
   femme lui a reproché son retard.

4. Lorsque Georgette (descendre) _____, sa mère l'envoyait chercher des
   brioches.

5. Dès que le rideau (tomber) _____, les applaudissements se faisaient
   entendre inévitablement.

6. Après que les footballeurs (essayer) _____ de se détendre, l'entraîneur
   leur a communiqué la mauvaise nouvelle.

7. Quand l'avocat (dissuader) _____ sa cliente de continuer, elle a piqué une
   crise.

8. Aussitôt que la concierge (parvenir) _____ à voir qui montait, elle appelait
   son ami l'agent.

H (SECTIONS II, III, IV.B)

Faites des phrases à partir des éléments fournis. Attention aux temps des verbes
(présent, imparfait, passé composé, passé surcomposé ou plus-que-parfait) et
aux prépositions.

1. aujourd'hui ça fait deux mois / je / travailler / gagner les bonnes grâces
   de / le ministre

   _____

   _____

2. en ce temps-là, quand les ouvriers / quitter le chantier (*work site*), les mendiants / ne / pas / tarder d'habitude / y entrer

_____

_____

3. au moment où tu / remercier Jean / nous avoir aidés, je / venir / apprendre que la police / défendre / sa famille deux heures plus tôt / quitter le pays

_____

_____

4. combien d'heures est-ce que tu / mettre hier / réparer le magnétoscope (*VCR*) ?

_____

_____

_____

5. après que / on / réussir / ranimer le bébé, sa mère / décider / le commissaire / ne rien dire à personne

_____

_____

_____

6. il y a deux semaines le curé / promettre / le maire / ne pas parler / de / les événements gênants qui / arriver le mois précédent

_____

_____

_____

7. puisqu'elle / ne / jamais / penser / choisir une carrière politique, l'offre d'hier / la / surprendre

_____

_____

8. comme tout / aller mal depuis le début, la vedette / consentir le lendemain / se faire remplacer

_____

_____

9. voilà longtemps / nous / avoir l'habitude / faire la grasse matinée

_____

_____

10. aussitôt que Grégoire nous / dissuader / diffuser l'émission sur la pornographie, les journaux / parler de censure

_____

_____

_____

I (Synthèse)

Mettez les verbes entre parenthèses au temps qui convient (passé composé, imparfait, plus-que-parfait, passé surcomposé).

L'an dernier, nous (avoir) _____ la malchance de voyager en Italie avec mon frère Richard. D'abord, il nous (faire) _____ attendre une heure à l'aéroport parce qu'il (oublier) _____ son passeport sur le réfrigérateur. Ensuite, il (se plaindre) _____ à haute voix de l'inconfort des vols nolisés, peut-être parce que, pendant sa jeunesse, notre mère lui (permettre) _____ de voyager toujours en première classe. Finalement, après qu'il (finir) _____ ses lamentations, je (pouvoir) _____ me relaxer un peu. Ce calme (ne pas durer) _____ longtemps, hélas. Une heure plus tard, à l'heure du dîner, il (refuser) _____ de manger quoi que ce soit, alléguant qu'il (ne plus avoir) _____ faim puisqu'il (dévorer) _____ une pizza 20 minutes avant de partir. Bien sûr, juste avant notre arrivée, lorsque l'avion (atterrir) _____ et que tout le monde (déjà attacher) _____ sa ceinture, il (exiger) _____ d'être servi, mais l'hôtesse lui (rétorquer) _____ qu'il ne (pouvoir) _____ en être question parce qu'on (déjà ranger) _____ tous les plateaux.

Aussitôt que les douaniers nous (laisser) _____ passer, nous (sentir) _____ en sortant dans la rue une humidité pénétrante, car il (pleuvoir) _____ toute la journée. Naturellement, mon frère nous (déclarer) _____ qu'au cours de tous nos voyages passés, le temps (ne jamais être) _____ aussi décourageant pour le tourisme et qu'il (avoir) _____ envie de prendre le prochain vol de retour. Excédé, je (se dire) _____ alors que c'(être) _____ le dernier voyage que je (faire) _____ avec mon frère.

J (SYNTHÈSE)

Faites des phrases à partir des éléments suivants. Lorsque deux mots sont séparés par une barre oblique (/), il faut choisir l'un des deux. N'oubliez pas de faire l'accord des adjectifs et des verbes. Vous devrez parfois changer l'ordre des mots ou leur forme ou ajouter des mots. UTILISEZ SEULEMENT LES TEMPS DU PASSÉ (passé composé, imparfait, plus-que-parfait).

Modèle

Vous lisez : Quand vedette entrer en scène elle visiblement trac

Réponse possible : Quand la vedette est entrée en scène, elle avait visiblement le trac.

---

1. distribution pièce paraître faible : car comédiens manquer expérience

   _____

   _____

   _____

2. tu trouver film trop intellectuel ? mais films avant-garde toujours être comme ça

   _____

   _____

   _____

3. général répétition se produire quelque heures avant première

   _____

   _____

   _____

4. film mettre vedette Gérard Depardieu qui ne pas encore être célèbre

   _____

   _____

   _____

5. personnes cultivé préférer films sous-titres films doublé

   _____

   _____

   _____

6. combien films canadien Radio-Canada diffuser semaine dernier?

_____

_____

_____

7. tournage film durer deux ans, alors il ne pas sortir Noël

_____

_____

_____

8. je manquer dernier épisode feuilleton qui passer minuit cause championnat hockey

_____

_____

_____

9. vedette exiger loge mieux éclairé, plus spacieux, et tranquille parce que elle vouloir dormir y

_____

_____

_____

10. comme je avoir petit rôle je passer deux heures attendre coulisses

_____

_____

_____

K ACTIVITÉS

Composition dirigée

Quelles sont les influences positives et négatives de la télévision sur les enfants? Vos parents vous permettaient-ils de regarder autant d'émissions que vous vouliez? Avez-vous ou adopterez-vous la même politique vis-à-vis de vos enfants? Longueur: 300 mots. Incorporez dans la composition au moins HUIT des expressions suivantes et soulignez celles dont vous vous servez.

chaîne	feuilleton
émission	éteindre
intrigue	documentaire
dessin animé	un film d'épouvante
passer un film	mettant en vedette
production	le petit écran
passer à	

Débat

Cinéma contre théâtre. Sujets de discussion possibles : Le gouvernement devrait-il subventionner (*subsidize*) le cinéma et le théâtre de façon égale ? Est-ce que le cinéma est aussi légitime que le théâtre quant aux valeurs esthétiques ? Le théâtre est-il réservé aujourd'hui aux intellectuels et aux snobs ? Étant plus abordable, le cinéma va-t-il remplacer le théâtre un jour ? Chaque équipe gagnera un point pour chaque expression du vocabulaire de ce chapitre correctement employée.

CHAPITRE 4

EXERCICES ÉCRITS

A (SECTION I)

À partir des éléments suivants, faites des phrases au passé composé. Faites attention à l'accord du participe passé et ajoutez les prépositions qui manquent.

1. Nous / se promener

   _____

2. Rosanne et Monique / se téléphoner

   _____

3. Toi et Marc / se battre

   _____

4. Toutes mes idées / s'envoler

   _____

5. Louise / ne pas / se douter / votre trahison

   _____

6. Les orphelins / s'habituer / être indépendants

   _____

7. Mes parents / se plaire / faire le strict minimum

   _____

8. Anne-Marie / se casser / la jambe

   _____

9. Nous / se demander / comment faire

   _____

10. Elles / se servir / un couteau

_____

11. Patrick et Caroline / toujours / se soucier / moi

_____

12. Comment vos filles / se débrouiller ? (N'utilisez pas est-ce que.)

_____

13. Toi, Sylvie, / ne pas se souvenir / moi

_____

14. Nous / s'apercevoir / votre malaise

_____

15. Ma nièce / se rendre compte / ton insolence

_____

B (Section I)

Faites des phrases à partir des éléments fournis. Changez le pronom réfléchi si nécessaire et ajoutez les prépositions requises.

1. hier / elle / se dire / que nous / se méfier / elle / depuis le début

_____

_____

2. je / se rendre compte / maintenant / que / vous / s'abstenir / encore / se servir / l'ordinateur

_____

_____

3. tu / s'ennuyer / actuellement / si tu / se passer / télévision ? (N'utilisez pas est-ce que.)

_____

_____

4. Monique, quand vous / se charger / critiquer le patron la semaine passée, comment vous / s'y prendre ? (N'utilisez pas est-ce que.)

_____

_____

5. hier soir, nous / s'imaginer / tout à coup que la directrice / s'efforcer /
avant-hier / nous tromper

_____

_____

C (SECTIONS I.A ET I.B)

Faites des phrases à l'impératif.

1. Paul, / s'en aller / tout de suite, je t'en prie

_____

2. Monique, / ne pas se moquer / nos difficultés, s'il te plaît

_____

_____

3. Mes enfants, / s'attendre / recevoir / des cadeaux très modestes cette annéc

_____

_____

4. Virginie et Catherine, / ne pas se moquer / votre cousine

_____

5. Hubert, / s'enfuir avec tes copains

_____

6. s'approcher, / mon enfant

_____

7. Chut, mes amis, / se taire !

_____

8. Eh bien, mon gars, / ne pas se plaindre

_____

9. Mario, / ne pas s'imaginer / que tu restes

_____

10. Mais monsieur le Président, / s'efforcer / nous comprendre

_____

_____

D (Sections II.A et II.B)

Remplacez les mots soulignés par un verbe de la liste suivante. Faites les accords nécessaires et ajoutez les prépositions qui manquent. Dans les cas où les mots soulignés forment deux groupes séparés, récrivez toute la phrase.

se faire à	s'occuper
s'apprêter	s'apercevoir
s'imaginer	se rappeler
se réjouir	s'en prendre à
s'excuser	s'agir

1. Marguerite, <u>as-tu remarqué</u> l'indifférence de Claude ?

   _____

2. <u>Nous sommes</u> excessivement joyeux de vous revoir.

   _____

3. Les chanteuses <u>ont fait</u> leurs préparatifs en vingt minutes.

   _____

4. J'étais reconnaissant à Anne, car <u>elle avait pris soin</u> de Robert.

   _____

5. <u>Ne tenez pas</u> le juge <u>pour</u> responsable.

   _____

6. <u>Ne te souviens-tu</u> pas de m'avoir vu ?

   _____

7. La gardienne <u>a fait ses excuses.</u>

   _____

8. Nous <u>avons pris l'habitude de déjeuner</u> de bonne heure.

   _____

9. Ne crois pas que ça <u>se passe</u> comme ça.

   _____

10. <u>L'essentiel</u>, maintenant, <u>c'est d'agrandir</u> la salle.

    _____

E (SYNTHÈSE)

Écrivez les verbes entre parenthèses dans la forme qui convient et ajoutez les prépositions qui s'imposent.

Je (s'appeler) _____ François. Hier soir ma copine Géraldine (se rappeler) _____ que deux jours avant nous (s'engager) _____ _____ chercher un appartement pour son frère Marc qui (devoir) _____ arriver d'un jour à l'autre de Québec. Voyant que je (déjà se décider) _____ finir d'abord le grand projet qui m'(obséder) _____ depuis si longtemps, elle (se mettre) _____ colère et, dans son irritation, (s'en prendre) _____ mon esprit distrait et _____ ma soi-disant indifférence. Selon Géraldine, je (s'imaginer) _____ que Marc (se contenter) _____ aller à l'hôtel et qu'il (se résigner) _____ y passer des semaines avant de trouver un appartement à prix abordable. Je (se fâcher) _____ tellement de ces propos absurdes que je (s'enfuir) _____ en jurant que Géraldine et moi nous (se disputer) _____ pour la dernière fois, car désormais je (aller se passer) _____ volontiers _____ sa compagnie.

F (SYNTHÈSE)

Faites des phrases à partir des éléments suivants. Lorsque deux mots sont séparés par une barre oblique (/), choisissez l'un des deux. N'oubliez pas d'accorder les adjectifs et les verbes. Vous devrez parfois changer l'ordre des mots ou leur forme ou ajouter des mots.

Modèle

Vous lisez : Vous lisez : nous parler lui / la problèmes actuel Canada

Réponse possible : Nous lui parlons des problèmes actuels du Canada.

---

1. pour donner Béatrice goût littérature XVIIᵉ siècle conseillère pédagogique la persuader jouer dans pièce Molière

   _____

   _____

   _____

2. si ton majeure / majeur être français, se souvenir (impératif) faire application demande bourse janvier

_____

_____

_____

3. année dernier, puisque je pas pouvoir payer droits scolarité / apprentissage, je devoir demander / appliquer aide financier

_____

_____

_____

4. Marie se décider vendredi passé demander chef / tête département combien étudiants échouer / faillir examen fin année

_____

_____

_____

5. te dépêcher à / de et envoyer ton relevé notes et photocopie ton certificat fin études secondaire Bureau admissions

_____

_____

_____

G ACTIVITÉS

Composition dirigée

Comparez vos expériences d'école secondaire et votre vie universitaire. Voici quelques critères que vous pourriez adopter : choix de cours, relations sociales, comportement des professeurs, difficulté des matières, motivation des étudiants, bureaucratie, financement des études, qualité de l'apprentissage, importance des notes. N'hésitez pas à baser votre comparaison sur d'autres aspects si vous voulez. Longueur : 300 mots. Incorporez dans la composition DIX des expressions suivantes et soulignez celles dont vous vous servez.

bourse d'études	répondre aux exigences
champ d'études	se spécialiser
les préalables	cours à option

formation	pavillon
approfondir sa	
connaissance de	se passionner pour
plagiat	survol
échouer	droits d'inscription
Bureau du registraire	doyen
frais de scolarité	relevé de notes
s'inscrire	

Présentation des griefs estudiantins

Divisée en deux équipes, votre classe dressera une liste des reproches que font habituellement les étudiants à propos de l'université. Comme d'habitude, chaque équipe gagnera un point pour chaque expression du vocabulaire de ce chapitre correctement employée.

CHAPITRE 5

EXERCICES ÉCRITS

A (SECTION I)

Répondez aux questions en utilisant le verbe indiqué et en remplaçant les noms par des pronoms.

> **Modèle**
>
> **Questions** : As-tu vu Frédéric ?
>
> **Indication** : oui / parler
>
> **Réponse** : Oui, je lui ai parlé.

1. As-tu téléphoné à ta sœur ? oui / appeler

    _____

2. Quand vous étiez jeunes, écoutiez-vous toujours vos parents ? non pas toujours / obéir

    _____

3. Est-ce que Monique a aimé ce film ? oui / il / plaire

    _____

4. Ce médicament va-t-il aider mon enfant ? non / nuire

    _____

5. Est-ce que le chef permet à ses ouvriers de fumer ? non / interdire de fumer

    _____

6. Le psychiatre a-t-il conseillé des vacances à ton mari ? oui / recommander / aller au bord de la mer

   _____

7. Faut-il que tous les employés soient présents ? oui / je vais / demander / ne pas s'absenter

   _____

B (Sections I, II, III)

Répondez aux questions en employant des pronoms (y compris **y** et **en**) là où c'est possible.

M o d è l e
_____

Questions : Avez-vous avisé les membres des possibilités de grève ?

Réponse : Non, je ne les en ai pas avisés.

---

1. Vas-tu passer le message aux dirigeants ?

   Non, _____

2. Vous ont-ils expédié assez de manuels ?

   Oui, _____

3. Est-ce que ton père t'a pris encore une assurance-vie ?

   Oui, _____

4. As-tu vu Madeleine au bureau de poste ?

   Non, _____

5. Combien d'entrevues y a-t-il eu ?

   _____ trois.

6. Quand est-ce que Nadine vous a parlé de ses problèmes ?

   _____ ce matin.

7. Depuis quand t'intéresses-tu à la boxe ?

   _____ des années.

8. Pierre et Daniel, avez-vous reçu une augmentation de salaire ?

   Non, _____

9. Est-ce qu'il peut y avoir trop d'avantages sociaux dans une convention
   (*agreement*) collective ?

   Non, _____

10. Est-ce que tes camarades vont s'adresser au centre de main-d'œuvre ?

    Oui, _____

11. Vas-tu m'offrir un bonbon, mon trésor ?

    Non, _____, mon ange.

12. Le professeur a-t-il reproché à Jean et à Marc leur retard ?

    Non, _____

13. Mesdemoiselles, vous êtes-vous plaintes de la charge de travail ?

    Non, _____

14. Combien d'ouvriers vont-ils mettre à pied ?

    _____ une douzaine.

15. Maman, est-ce que je peux faire venir mes amis ? (Utilisez l'infinitif de faire.)

    _____

C (SECTION I.B.2)

Complétez la phrase par le pronom qui convient et faites les élisions qui s'imposent.

1. Quand j'ai abordé le sujet d'une promotion, mon patron ne savait pas si je
   _____ obtiendrais une.

2. La sœur de Caroline est médecin mais Caroline aurait horreur de _____
   devenir.

3. Tout comme vous vous _____ attendiez, tous ont refusé de faire des
   heures supplémentaires.

4. Tu étais sûr que je serais de mauvaise humeur mais je ne _____ ai jamais
   été.

5. Les camarades de Suzanne sont restés chômeurs (= sans emploi), mais
   Suzanne elle-même ne _____ sera jamais.

D (SECTIONS I.C.2 ET IV.B.1.B)

Répondez aux questions en employant le plus de pronoms possible.

1. Est-ce que ce bracelet est à Hélène ?

   Non, _____

2. Est-ce que tu tiens à ton autonomie ?

   Oui, _____

3. Est-ce que Georges a pensé à sa copine ?

   Oui, _____

4. Vas-tu promettre des vacances à tes enfants ?

   Non, _____

5. As-tu renoncé à tes projets de carrière ?

   Oui, _____

6. Est-ce que Réjean va s'adresser à sa directrice de thèse ?

   Oui, _____

7. Ont-ils passé le message à la secrétaire ?

   Non, _____

8. Tiens-tu à ta belle-mère ?

   Oui, _____ malgré tout.

9. Dorothée et Yves, êtes-vous habitués à votre gardienne ?

   Non, _____

10. Vont-ils présenter tes collègues au nouvel ambassadeur ?

    Non, _____

E (SECTIONS I.C.1 ET II)

Répondez aux questions en utilisant des pronoms là où c'est possible.

1. Amélie et Réjean, est-ce que vous vous inquiétez des enfants ?

   Non, _____

2. Florence, vas-tu t'occuper de l'assurance-invalidité ?

   Oui, _____

3. Ce cadre supérieur songe-t-il à sa nouvelle cliente ?

   Oui, _____

4. Est-ce que tu te méfies de tes professeurs ?

   Oui, _____ parfois.

5. Monsieur le gérant, est-ce que je peux m'attaquer à ce problème ? (Répondez par l'impératif de **s'attaquer**.)

   Non, _____ pas encore, essayez de résoudre l'autre d'abord.

6. Te souviens-tu de tes copains d'adolescence ?

   Oui, _____

7. Mario et Jeannette, vous êtes-vous aperçus de vos progrès ?

   Oui, _____

F (SECTIONS I ET IV)

Traduisez en français.

1. *I'm going out but you're staying home.*

   _____

2. *We're the ones who left.*

   _____

3. *— Who wants to work overtime ? — I don't !*

   _____

4. *I invited them but not her.*

   _____

5. *We're only looking for them.*

   _____

6. *One must think of oneself.*

   _____

7. *Daniel and Catherine ? They themselves refused to do it.*

   _____

8. *Georges, I saw neither you nor François there.*

   _____

G (SECTION V)

Répondez aux questions en remplaçant les mots soulignés par une expression idiomatique avec **en**, **y**, ou **le** et en utilisant des pronoms là où c'est possible.

Modèle

Questions : Ne peux-tu plus supporter ton patron ?

Réponse : Non, j'en ai assez de lui.

---

1. Est-ce que Marc <u>va reprocher</u> à Henri de s'être absenté ?

   Oui, _____

2. Les patrons <u>sont-ils allés jusqu'à</u> rejeter nos revendications ?

   Non, _____

3. Est-ce que ton copain va <u>éviter une catastrophe de justesse</u> ?

   Oui, _____

4. Combien des victimes ont <u>échappé à la mort</u> ?

   Personne _____

5. Est-ce que tes camarades <u>sont à bout de forces</u> ?

   Oui, _____

6. Est-ce que <u>c'est fait</u> ?

   Non, _____

7. Est-il certain que tes cousines ont <u>une part de responsabilité</u> ?

   Oui, _____

8. <u>À quel point es-tu arrivé</u> dans ta lecture ?

   _____ à la moitié.

9. Est-ce que ta femme est <u>experte en musique</u> ?

   Oui, _____

10. Est-ce que ça <u>t'inquiète de</u> te trouver sans fonds ?

    Pas du tout, _____

H (SYNTHÈSE)

Remplacez les tirets par un pronom personnel, **en** ou **y** et ajoutez les prépositions qui s'imposent.

Lorsque Robert et Gisèle _____ sont croisés ce matin boulevard René-Lévesque, elle _____ a fait remarquer qu'il avait oublié de _____ rencontrer au Café des Laurentides hier soir. Ce pauvre Robert distrait _____ a répondu qu'il _____ était désolé. C'est qu'il venait de débuter dans un nouvel emploi et qu'il ne / n' _____ _____ habituait que lentement. Quand Robert a demandé à son amie si elle _____ _____ voulait d'avoir manqué leur rendez-vous, Gisèle _____ a souri froidement et _____ a juré qu'elle _____ avait par-dessus la tête _____ cette négligence. Robert _____ est alors défendu en _____ déclarant qu'il tenait à _____ plus que jamais mais, cette fois-ci, il paraissait qu'il n'allait pas pouvoir _____ _____ tirer. Gisèle _____ a accusé de / d' _____ avoir oubliée. Elle était furieuse contre _____ surtout parce qu'elle _____ avait attendu deux heures au café. N' / Ne _____ pouvant plus, elle _____ était finalement sortie peu de temps avant la fermeture. _____ agenouillant devant Gisèle en pleine rue, Robert _____ a promis qu'il ne _____ causerait plus jamais tant de peine. Le malin _____ a vraiment échappé belle ! Gisèle _____ est laissé attendrir par ce geste galant et _____ a ordonné de _____ rencontrer au même café ce soir-là. Je me demande si Robert _____ _____ présentera effectivement, car c'est un type dont la distraction _____ emporte d'habitude _____ les bonnes intentions.

I (SYNTHÈSE)

Faites des phrases à partir des éléments suivants. Lorsque deux mots sont séparés par une barre oblique (/), il faut choisir l'un des deux. N'oubliez pas d'accorder les adjectifs et les verbes. Vous devrez parfois changer l'ordre des mots ou leur forme ou ajouter des mots.

Modèle

Questions : nous parler lui / la problèmes actuel Canada

Réponse possible : Nous lui parlons des problèmes actuels du Canada.

---

1. Si tu trouver tâche épuisant, Claude, y renoncer (impératif)

   _____

   _____

   _____

2. Quand employés faire grève août dernier, président congédier quatre. Ils ne pas arrêter se plaindre pour / pendant / depuis cette époque

   _____

   _____

   _____

3. Si bénéfices / avantages social et possibilités / occasions avancement être bon, pourquoi tu insister augmentation salaire ?

   _____

   _____

   _____

4. prochain juin 24, jour férié Québec, 6000 chômeurs manifester / démontrer contre dernier congédiements

   _____

   _____

   _____

5. fonctionnaires profiter sûreté / sécurité emploi depuis / pendant / pour des années, mais cela ne pas empêcher les réclamer meilleur conditions travail

   _____

   _____

   _____

J ACTIVITÉS

Composition dirigée

Racontez certaines de vos expériences relatives au travail. Par exemple, comment avez-vous obtenu votre (vos) emploi(s) ? Vous pourriez en décrire les conditions, le caractère du patron ou de la patronne, et celui de vos camarades de travail.

Comment l'entrevue s'est-elle passée ? Aimeriez-vous ou auriez-vous aimé y travailler toute votre vie ? Si vous n'avez jamais eu d'emploi, décrivez quel serait pour vous l'emploi idéal. Longueur : 300 mots. Incorporez dans la composition DIX des expressions suivantes et soulignez celles dont vous vous servez.

passer une entrevue	jour férié
horaire de travail	obtenir une promotion
aptitudes	poser sa candidature
avantages sociaux	toucher un salaire
revendication	embaucher
congédier	mettre à pied
charge de travail	exigeant
épuisant	capacités

Débat

Voici le dilemme de Marguerite : on vient de lui offrir deux emplois. Le premier consiste à être secrétaire bilingue pour une compagnie d'assurance-vie située dans une jolie petite ville, mais un peu ennuyeuse. Les possibilités d'avancement sont bonnes et la sécurité d'emploi aussi. Le deuxième consiste à travailler comme hôtesse de l'air pour une compagnie de vols nolisés. Pas de syndicat, peu de sécurité d'emploi, mais le salaire sera aussi bon que celui du premier emploi et elle pourra vivre à Montréal. Marguerite rêve depuis son enfance de voyager, mais étant d'une famille pauvre, elle n'a jamais pu quitter sa ville. D'un autre côté, en raison de ses origines humbles, elle apprécie également la sécurité d'emploi. Chaque moitié de la classe argumentera en faveur de l'un des deux postes. Comme d'habitude, chaque équipe gagnera un point pour chaque expression du vocabulaire de ce chapitre correctement employée.

CHAPITRE 6

A (SECTIONS I.A ET II.A)

Complétez par l'article défini ou indéfini qui convient, en faisant les contractions qui s'imposent. (Corrigé)

1. _____ victime s'appelait Roger Thibault.

2. _____ pitié de notre patron ne vaut rien.

3. C'était _____ girafe mâle.

4. Saviez-vous que _____ peintre Suzanne Valadon était la mère _____ célèbre peintre Maurice Utrillo ?

5. Lesquels sont plus insupportables : les ravages de _____ capitalisme ou ceux de _____ communisme ?

6. Sa femme était _____ magistrat célèbre.

7. Est-ce _____ érable ou _____ chêne ?

8. _____ cuivre est un des composants de _____ bronze.

9. _____ Cambodge a connu des moments turbulents.

10. _____ camarade qui mérite le plus d'éloges, c'est Hélène.

B (SECTION I.A)

Si le mot donné est masculin, écrivez son équivalent féminin, et vice-versa. (Corrigé)

1. chamelle _____

2. époux _____

3. mécanicien _____

4. cane _____

5. louve _____

6. farceur _____

7. chat _____

8. patron _____

9. secrétaire _____

10. caissière _____

11. idiot _____

12. ambassadeur _____

c (Section I.B)

Indiquez le pluriel des noms suivants. (Corrigé)

1. récital _____

2. bijou _____

3. chef-d'œuvre _____

4. rail _____

5. trou _____

6. arrière-pensée _____

7. timbre-poste _____

8. vœu _____

9. ciel _____

10. porte-fenêtre _____

11. pneu _____

12. tuyau _____

13. grand-mère _____

14. garde-boue _____

15. tire-bouchon _____

D (SECTION II.A)

Complétez les phrases suivantes. S'il ne manque rien, mettez un tiret (—).

1. Combien de dollars _____ heure gagnc-t-elle ?

2. Winnipeg se trouve dans le sud _____ Manitoba.

3. J'ai l'habitude de faire des courses _____ jeudi.

4. Les champignons coûtent presque 2 $ _____ livre.

5. En prenant sa photo, je lui ai coupé _____ tête.

6. J'ai parlé à ma belle-mère _____ mardi.

7. _____ cadeaux constituent un luxe impossible pour certains.

8. Dans les années trente, on gagnait parfois 15 $ _____ semaine.

E (SECTION II.B.1)

Complétez par un article indéfini, un article partitif, ou **de**.

1. Toi, tu n'as vraiment pas _____ chance !

2. J'ai toujours _____ ennuis avec toi.

3. Nous n'aidons pas _____ hôpitaux mais plutôt _____ cliniques.

4. N'écrivez plus _____ réponses après avoir entendu le signal.

5. N'écoutons pas _____ musique classique ; écoutons _____ jazz.

6. Grâce à notre nouveau plan révolutionnaire, vous n'aurez pas _____ versements à faire avant octobre !

7. Ce n'est pas _____ tact qu'il leur faut ; c'est _____ patience surhumaine.

F (SECTIONS II.A ET II.B)

Complétez les phrases suivantes par des articles défini, indéfini ou partitif.

1. Aujourd'hui, il y a _____ soldes chez Eaton.

2. _____ banques sont parfois utiles.

3. Donne-moi _____ pommes de terre, _____ laitue et _____ petits pois.

4. Ce n'est pas _____ Volkswagen ; c'est _____ Renault.

5. Comment ? Vous n'avez pas visité _____ églises en France ?

6. N'as-tu pas encore acheté _____ chaîne stéréo ?

7. Je n'ai plus _____ soucis.

8. Hubert a deux chats, un chien, mais pas _____ oiseau.

9. Pauline n'a pas obtenu _____ mauvaise note ; en fait, elle a eu un C.

10. Mon frère ne vend pas _____ magnétophones (*tape recorders*) ; il vend _____ magnétoscopes (VCRs).

11. Ne me raconte pas _____ histoires, s'il te plaît !

12. Cette grand-mère ne deviendra jamais _____ fardeau (*burden*) pour ses petits-enfants.

G (Section II.C)

Complétez les phrases suivantes. S'il ne manque rien, mettez un tiret (—).

1. Serais-tu capable de te priver _____ sommeil ?

2. Le plancher était couvert _____ journaux que j'avais achetés.

3. Avec un peu _____ courage, ça ira.

4. La plupart _____ universités doivent-elles boucler leur budget ?

5. Veux-tu pour une fois agir en _____ ami ?

6. Marc a rempli ses responsabilités avec _____ sérieux et avec _____ professionnalisme inattendu.

7. Mariette vient _____ Danemark.

8. Bien _____ fois je me demande ce que tu fais.

9. Est-il possible d'apprendre trop _____ langues ?

10. C'est vous qui vous occuperez des comptes en _____ absence de votre patron.

11. Je cherche _____ rue Pascal.

12. J'ai besoin _____ farine pour faire ton gâteau.

13. Le tiers _____ population de notre planète souffre _____ faim.

14. Yvette habite avec combien _____ animaux ?

15. J'y ai vu beaucoup _____ amis que nous nous étions faits l'an dernier.

16. Georgette est en ce moment sans _____ famille.

17. Ma copine, _____ ex-championne _____ tennis, veut bien te donner des leçons.

18. Mon cousin habite _____ rue St-Pierre.

19. Madame, votre fille ne sera jamais _____ danseuse.

20. À cette époque-là, nous vivions sans _____ morceau de pain.

H (SECTION II)

Traduisez en français.

1. *What do you think of Canadian wines?*

   _____

2. *They go to the lake on Sundays.*

   _____

3. *She doesn't eat pizza with her fingers.*

   _____

4. *Do you feel like some dessert?*

   _____

5. *Television is for people who lack imagination.*

   _____

6. *They got lost (se perdre) on St-Laurent Street.*

   _____

7. *We have no more beer.*

   _____

8. *Most students avoid studying on Saturday night.*

   _____

9. *She doesn't need the dress you offered her.*

   _____

10. *How much does Philibert earn an hour?*

    _____

11. *His wife, a famous writer, has to teach composition.*

    _____

I (Synthèse)

Remplacez les tirets par l'article qui convient et ajoutez les prépositions qui s'imposent. S'il ne manque rien, mettez un tiret (—).

On part cet après-midi faire _____ ski. En _____ absence d'un moniteur, il faudra qu'on se débrouille tout seuls. Puisque nous n'avons pas suffisamment _____ argent pour louer _____ voiture, nous aurons besoin _____ billets d'autocar. J'espère qu'il y aura _____ départs _____ l'après-midi, car _____ dimanche la plupart _____ autocars partent pour les Laurentides avant dix heures _____ matin. Il nous faut aussi _____ organisation et _____ travail pour tout préparer ; sans _____ coopération, nous ne pourrons jamais partir. Michel fera une dizaine _____ sandwichs au fromage tandis que Pénélope achètera _____ jus _____ pamplemousse, _____ bière et _____ grande bouteille _____ eau minérale ; pas _____ vin, car _____ vin sape _____ forces _____ skieurs. Je lui rappellerai d'acheter aussi _____ chocolat : _____ ski est _____ sport parfois épuisant et je ne peux pas me passer _____ chocolat après _____ heures intensives _____ ski. _____ chocolat est d'ailleurs conseillé par bon nombre _____ médecins comme une bonne source _____ énergie rapide. Avec 40 $ par personne, nous devrions en avoir assez pour les frais _____ voyage et pour _____ location (*rental*) _____ équipement. As-tu vérifié si tu as assez _____ argent sur ton compte _____ banque pour nous accompagner ?

J (Synthèse)

Faites des phrases à partir des éléments suivants. Lorsque deux mots sont séparés par une barre oblique (/), choisissez l'un des deux. N'oubliez pas d'accorder les adjectifs et les verbes. Vous devrez parfois changer l'ordre des mots ou leur forme ou ajouter des mots.

Modèle

Vous lisez : nous parler lui / la problèmes actuel Canada

Réponse possible : Nous lui parlons des problèmes actuels du Canada.

1. Si votre dépenses être trop élevé, demander prêt court terme

   _____

   _____

   _____

2. Hier, quand je aller succursale mon mari, je ne pas pouvoir toucher chèque parce que caissière ne pas connaître me

   _____

   _____

   _____

3. Si ton train vie ne pas être aisé assez, arrêter essayer serrer ceinture et commencer acheter crédit

   _____

   _____

   _____

4. Marie être consommateur averti assez pour savoir si un article rabais coûter encore cher

   _____

   _____

   _____

5. Tu devoir faire attention notre budget, ce être quand même tu qui tenir comptes ménage !

   _____

   _____

   _____

K ACTIVITÉS

Composition dirigée

L'argent et le stress : existe-t-il pour vous un lien inévitable entre les deux ?

Longueur : 300 mots. Utilisez DIX des expressions suivantes et soulignez celles dont vous vous servez.

boucler son budget	répartition des dépenses
joindre les deux bouts	toucher un chèque

retrait   versement

tranche d'imposition   un train de vie aisé / modeste

épargner   se serrer la ceinture

bien de consommation   relevé de compte

tenir les comptes du ménage   vivre dans l'aisance

menus frais

Débat

« Les achats à tempérament (*purchases on credit*) constituent un danger et pour l'individu et pour la santé économique de son pays. » Comme d'habitude, chaque équipe gagnera un point pour chaque expression du vocabulaire de ce chapitre correctement employée.

Question

Quelle partie de votre budget est la plus difficile à gérer ? Pourquoi ?

CHAPITRE 7

EXERCICES ÉCRITS

A (SECTION I.A)

Mettez les verbes suivants au futur. (Corrigé)

1. Nous avons couru _____
2. Ils peuvent _____
3. Tu t'asseyais _____
4. Vous avez eu _____
5. J'étais venu _____
6. Il fallait _____
7. Nous voyions _____
8. Elle est morte _____
9. Tu faisais _____
10. Ils étaient allés _____
11. Pierre envoie _____
12. J'ai dû _____

B (SECTION I.A)

Donnez la forme qui convient au verbe entre parenthèses Attention ! Ce n'est pas nécessairement le futur qu'il faut employer.

1. Tant que tu (s'obstiner) _____ à faire comme bon te semble, tu n'apprendras jamais rien.

2. Rentrez chez vous aussitôt que vous (se sentir) _____ mieux.

3. Quand on nous (dire) _____ la vérité, Victor s'est évanoui.

4. Je lirai un peu pendant que tu (nettoyer) _____ la cuisine.

5. Pendant que je (travailler) _____, mon mari amuse les enfants.

6. Dès que tu (connaître) _____ la femme du directeur, présente-moi à elle.

7. Je paierai mon loyer quand j'(avoir) _____ de l'argent.

8. Quand on vous (voir) _____, toi et Marc, on vous a pris pour des clochards.

9. Michel signera le bail dès qu'on (commencer) _____ à repeindre l'appartement.

10. Rappelle-moi de sortir la porcelaine lorsque tes parents (être) _____ là.

C (SECTION I.A)

Traduisez en français.

1. *As soon as they're at home, call them.*

   _____

2. *I'll be right there.*

   _____

3. *When my son is sick, I stay home with him.*

   _____

4. *The landlord won't rent you an apartment as long as you don't have a job.*

   _____

   _____

5. *If he's depressed, he'll often refuse to go out.*

   _____

D (SECTION I.B)

Mettez les verbes entre parenthèses au futur antérieur.

1. Aussitôt que mes beaux-parents (partir) _____, nous pourrons nous détendre (relax).

2. Vous risquez de mourir tant que vous (ne pas voir) _____ le médecin.

3. Après que les clients nous (payer) _____, on partira à Rio.

4. Madeleine, tu pourras t'en aller dès que tu (s'occuper) _____ de grand-papa.

5. Fais-le-moi savoir lorsqu'ils (régler) _____ l'hypothèque.

E (SECTIONS I.A ET I.B)

Mettez les verbes entre parenthèses au futur ou au futur antérieur.

1. Après que les lumières (s'éteindre) _____, les prisonniers tenteront de s'échapper.

2. Nous commencerons la séance dès que chacun (avoir) _____ son programme.

3. Tu m'aideras quand les autres (finir) _____ de critiquer le projet.

4. Anne, lorsque tu (s'abstenir) _____ de gêner ton voisin de table, on te laissera parler.

5. Tant que le patron (refuser) _____ de prendre nos revendications au sérieux, la grève du zèle continuera.

F (SECTION I.B)

Remplacez les expressions de conjecture par le futur antérieur.

> ### Modèle
>
> **Vous lisez** : Marc a sans doute passé une nuit affreuse.
>
> **Réponse possible** : Marc aura passé une nuit affreuse.

1. Quant à Jeanne, votre réponse l'a sûrement embarrassée.

   _____

2. Richard et Anne ont probablement trompé leurs parents.

   _____

3. Sans doute Roland s'est-il mal préparé.

   _____

4. Vous vous êtes sûrement mis en colère.

_____

5. Sans doute Michel a-t-il rompu avec Béatrice.

_____

G (SECTION II.A)

Mettez les verbes entre parenthèses à l'imparfait ou au conditionnel.

1. Rachel croyait que son père nous (permettre) _____ de loger chez lui le mois prochain.

2. Ma petite sœur (fumer) _____ de temps à autre quand elle avait quinze ans.

3. On a demandé à M. Fleurier de nous prêter sa voiture, mais il (ne pas vouloir) _____.

4. Je (protéger) _____ les enfants de ma voisine si elle me le demandait.

5. J'étais convaincu qu'ils (ne pas pouvoir) _____ partir quand on le leur permettrait.

6. (Vouloir) _____ -tu aider notre club, s'il te plaît?

7. Nancy nous a juré qu'elle (aller) _____ partir pour deux jours seulement.

H (SECTION II.A.2.B)

Complétez les phrases suivantes.

1. Si tu m'aimais vraiment, tu _____

_____

2. Nous te prendrions au sérieux si tu _____

3. Si Jacques refusait de signer le nouveau bail, _____

_____

4. Tu n'auras qu'à demander une autre couverture au cas où _____

_____

I (Section II.A)

Traduisez en français.

1. *We'd like to ask you some questions.*

_____

2. *Stay home in case the doctor comes.*

_____

3. *Would you be good enough to leave him the keys?*

_____

4. *If she wouldn't be so nervous, I'd feel more at ease.*

_____

5. *According to some tenants, the landlord intends to sell his building.*

_____

_____

J (Sections II.A et II.B)

Voici les éléments d'un reportage sur un crime. Puisqu'il s'agit d'événements non vérifiés, faites le reportage au conditionnel présent ou passé.

1. suspect / agresser / vieille dame chez elle hier soir

_____

2. elle / s'efforcer / se défendre contre lui, mais en vain

_____

3. elle / perdre connaissance, après quoi il / voler / tous ses bijoux

_____

_____

4. police / arriver / une demi-heure plus tard

_____

5. À 2 h du matin, on / appréhender / suspect, mais sans les bijoux

_____

_____

6. en ce moment, vieille dame / être / furieuse

_____

7. selon son avocat, l'assurance / ne pas couvrir / tous les frais

_____

8. d'ailleurs, / suspect / désirer / porter plainte contre / vieille dame, qui / savoir / faire du karaté

_____

_____

K (Section II.B.2)

Transformez les phrases selon le modéle.

> ### *Modèle* _____
>
> **Vous lisez** : Tu n'as pas mis ta veste. Tu as attrapé froid.
>
> **Réponse** : Si tu avais mis ta veste, tu n'aurais pas attrapé froid.

1. Le vendeur a répondu sur un ton insolent. La cliente est sortie sans mot dire.

_____

_____

2. Ils ne se sont pas décidés parce qu'on n'a pas annoncé les résultats.

_____

_____

3. Tu ne t'es pas dépêché, alors on a manqué le train.

_____

_____

4. Vous ne nous avez pas avertis à temps. Nous ne sommes pas descendus.

_____

_____

L (SECTION II.B.2)

Inventez une réplique aux phrases suivantes en utilisant **pouvoir** ou **devoir** au conditionnel passé, selon ce qui est indiqué.

1. Je suis mort de fatigue. (devoir)

   _____

2. J'ai dû monter ces boîtes toute seule. (pouvoir)

   _____

3. Ma belle-mère vient de mourir d'un cancer du poumon. (devoir)

   _____

4. Paul s'est fait mal au dos en déménageant. (devoir)

5. Quel imbécile ! Georges est rentré en conduisant après avoir bu dix bières. (pouvoir)

   _____

M (SECTIONS II.A.2.B ET II.B.2.B)

Mettez les verbes entre parenthèses au temps qui convient.

1 Si nous avions eu le temps de réfléchir, ta cousine (ne pas mourir) _____ .

2. Notre maison serait beaucoup plus sûre si nous (installer) _____ un dispositif d'alarme.

3. Ma fille (s'abstenir) _____ de fumer si elle avait été mieux informée.

4. Si Marguerite avait coopéré, ses copains (ne pas passer) _____ des heures à chercher l'immeuble.

5. Ils se seraient trouvés sans abri s'ils (rester) _____ à Cannes.

N (SECTION III)

Mettez les verbes entre parenthèses à la forme qui convient.

1. Si tu as été sage, je te (donner) _____ des bonbons.

2. Nos clients nous (offrir) _____ du whisky ce Noël s'ils sont contents de nos services.

3. Si vous aviez été plus gentils avec vos parents, vous (ne pas se trouver) _____ maintenant sans un sou.

4. Je me demande si le prof nous (remettre) _____ nos dissertations demain.

5. Si tu (garder) _____ le lit toute la semaine passée, tu as été très sensé.

6. Je (s'efforcer) _____ de mieux comprendre l'agent d'assurances qui nous parle en ce moment s'il était plus convaincant.

7. Te rappelles-tu si l'ascenseur (marcher) _____ quand tu es sorti?

8. Jean et Frédéric seraient ébahis s'ils nous (voir) _____ maintenant.

9. Si mes enfants (économiser) _____ davantage pendant leur adolescence, chacun aurait maintenant une maison sans hypothèque.

10. La police viendra te prendre si tu (ne pas se rendre) _____ d'ici mardi.

11. Je ne sais pas si mon loyer (augmenter) _____ de plus de huit pour cent l'an prochain.

12. Françoise (apprécier) _____ davantage son emploi si son patron était moins nerveux.

13. Les jumeaux (naître) _____ le 25 décembre si leurs parents s'étaient dépêchés un peu plus.

14. Nous aurions perdu tous nos placements (*investments*) si ma tante (ne pas se plaindre) _____ à la commission.

15. Ma collègue ne veut pas me dire si elle et son fiancé (se marier) _____ bientôt.

0 (SECTION III)

Complétez les phrases suivantes en donnant vos impressions sur le célèbre conte du Petit chaperon rouge (chaperon = *hood*).

1. Le loup ne serait pas allé chez la grand-mère si

   _____

2. Moi, si je trouvais un loup déguisé en grand-mère chez moi, je

   _____

3. Si le Petit chaperon rouge n'avait pas été aussi naïve,

   _____

4. Je serais bien reconnaissant(e) à ce bûcheron s'il

_____

5. Si la grand-mère avait été plus prudente,

_____

P (SECTION IV)

Traduisez en français.

1. *It would be better to pay the utilities now.*

_____

2. *No matter how hard I try, I can't find a room to rent.*

_____

3. *You had better finish now rather than wait.*

_____

4. *They put up that apartment building in three months.*

_____

5. *We're trying to paint this house in two days while you're drinking beer.*

_____

_____

Q (SYNTHÈSE)

Remplacez les tirets par la forme de l'élément entre parenthèses qui convient. Mettez les adverbes entre parenthèses à l'endroit qui convient. Ajoutez les prépositions qui s'imposent et faites les élisions nécessaires. NE METTEZ AUCUN VERBE AU PRÉSENT.

Marianne, ma voisine d'à côté, ne cesse d'avoir des ennuis. Selon Philippe, son copain Charles la (quitter) _____ la semaine dernière. J'en doute, pourtant, car s'ils (vraiment rompre) _____ elle (sûrement venir) _____ m'en parler. Ce qui semble plus certain, c'est qu'elle se voit obligée _____ déménager _____ trois semaines. D'après Gérard, le propriétaire lui (refuser) _____ le mois passé le renouvellement de son bail. Ça ne m'étonne pas du tout. Si Marianne avait baissé le volume de sa chaîne stéréo quand ses voisins le lui demandaient, nous (moins se plaindre) _____. Il arrive souvent qu'elle écoute des disques de rock tonitruants, (pendant / tandis) _____ que son voisin de palier, Richard, doit achever une dissertation d'une trentaine de pages _____ quelques heures. Tant qu'elle (ne pas vouloir) _____ s'acheter des écouteurs (*headphones*), les autres locataires continueront à porter plainte. Comme si ces ennuis-là (ne pas suffire) _____, un grand magasin lui (causer) _____ des problèmes juridiques en ce moment. Ce qu'elle est bête parfois ! Si elle réglait ses factures à temps, ses créanciers (*creditors*) (ne pas l'appeler) _____ à tout moment. Quand elle (s'efforcer) _____ finalement _____ vivre selon ses moyens, elle (mener) _____ une vie beaucoup plus tranquille, mais je pense qu'elle n'apprendra jamais. Il (mieux valoir) _____ qu'elle épouse son playboy millionnaire quand il lui a demandé sa main l'an dernier.

R (Synthèse)

Faites des phrases à partir des éléments suivants. Lorsque deux mots sont séparés par une barre oblique (/), choisissez l'un des deux. N'oubliez pas d'accorder les adjectifs et les verbes. Vous devrez parfois changer l'ordre des mots ou leur forme ou ajouter des mots.

> ### *Modèle*
>
> **Vous lisez** : Nous parler lui / la problèmes actuel Canada.
>
> **Réponse possible** : Nous lui parlons des problèmes actuels du Canada.

1. ne pas s'inquiéter (impératif) : quand vous trouver maison qui vous plaire, banque arranger hypothèque / bail deux jours

    _____

    _____

    _____

2. ce être dans / en 1988. nous être locataire dans ce immeuble cinq ans lorsque propriétaire se décider vendre le / la une quinzaine jours plus tard, nous être obligé déménager / emménager

    _____

    _____

    _____

3. tant que tu pouvoir travailler à ton bureau dans cabinet travail, tu ne pas avoir demander enfants se taire

_____

_____

_____

4. si son placard être vide, elle ne pas inviter nous dîner hier

_____

_____

_____

5. Hélène devoir déménager maintenant ; si elle avoir besoin rangement, je lui / la montrer maison bien conçu situé rue Clovis

_____

_____

_____

S ACTIVITÉS

Composition dirigée

Écrivez un dialogue dans lequel se disputent un locataire et un propriétaire. C'est à vous d'inventer le(s) sujet(s) de leur querelle. Il peut s'agir d'argent, de bruit, d'une fenêtre cassée, d'un réfrigérateur en panne, d'enfants, d'animaux, etc. Longueur : 300 mots. Incorporez dans le dialogue DIX des expressions suivantes et soulignez celles que vous employez.

emménager	escalier
plafond	cloison
donner sur	rangement
penderie	évier
déchets	lave-vaisselle
baignoire	robinet
armoire à pharmacie	placard
salle de séjour	prise de courant
agence de location	

Saynète

Voici le problème : le propriétaire de Jacques et de Thérèse, c'est Gilles, son père à elle. Leur appartement est dans un état un peu négligé et ils voudraient bien que Gilles y fasse des rénovations. Étant toutefois un homme très près de ses sous, il y consentira difficilement. Jacques et Thérèse n'ont pas envie de déménager car les rapports familiaux sont assez bons, et le loyer est modéré. La classe sera divisée en groupes de trois qui écriront et représenteront une saynète où le couple essaie de persuader Gilles de leur donner satisfaction. Comme d'habitude, chaque équipe gagnera un point pour chaque expression du vocabulaire de ce chapitre correctement employée.

CHAPITRE 8

A (SECTIONS I.A, I.B ET I.C.1.2.3)

Mettez les adjectifs entre parenthèses à l'endroit qui convient et faites les accords nécessaires. Ajoutez et si cette conjonction s'impose et de s'il s'agit d'une expression négative ou indéfinie.

1. Ma (nouveau) _____ belle-sœur _____ est une (magnifique, grec) _____ danseuse _____.

2. Il faut vaincre tes (destructeur, fou) _____ impulsions _____.

3. Sa (ambigu) _____ réponse _____ nous confirme ses (malin) _____ _____ intentions _____.

4. Marie vient de s'acheter une (assez laid, vert clair) _____ jupe _____ et deux (orange) chandails _____.

5. À cette (long, ennuyeux) _____ soirée _____, je n'ai rencontré personne (intéressant) _____.

6. Mon frère habite un (vieux) _____ appartement dans une (sombre, dangereux) _____ rue _____.

B (SECTION I.C.4)

Mettez les adjectifs entre parenthèses à l'endroit qui convient et faites les accords nécessaires.

1. J'insiste pour louer une (propre) _____ voiture _____ même si je travaille pour une (pauvre) _____ société _____.

2. Comment ton neveu parvient-il à vivre avec le (maigre) _____ salaire _____ qu'il gagne ?

3. Reste-t-il encore des chambres pour (seul) _____ dames _____ ?

4. Malgré sa petite taille, Napoléon était un (grand) _____ homme _____.

5. Le musée d'Orsay à Paris est une (ancien) _____ gare _____.

6. Ce serait un (drôle) _____ pique-nique _____ si on le faisait la (dernier) _____ semaine _____ de novembre.

7. Pas de réponses vagues ! Trouve-moi une (certain) _____ solution _____.

8. Ce (pauvre) _____ type _____ aurait peur de lui-même. Il nous faut un (brave) _____ candidat _____.

C (Section II)

Transformez l'adjectif entre parenthèses en adverbe et insérez ce dernier dans la phrase à l'endroit qui convient.

1. (doux) Il pleuvait sur toute la côte.

   _____

2. (bon) Florence a préparé toutes les entrées.

   _____

3. (gentil) Mon beau-père a parlé avec tous nos invités.

   _____

4. (insolent) Le concierge a accueilli le groupe d'étudiants.

   _____

5. (tardif) Les touristes sont rentrés à l'hôtel à cause d'une panne d'autocar.

   _____

6. (ardent) C'est alors que l'héroïne a juré son amour pour la grenouille.

   _____

7. (résolu) Nous nous étions avancés contre l'ennemi.

   _____

8. (lent) Laisse bouillir le boeuf salé.

   _____

D (Section II)

Au moyen d'une flèche (*arrow*), mettez les éléments entre parenthèses à l'endroit qui convient.

1. (bien) Peu de temps avant l'arrivée de l'inspecteur, on avait nettoyé la cuisine.

   _____

2. (parfois) Il est interdit de fumer chez Caroline.

   _____

3. (plus tard) Il vaudrait mieux acheter le fauteuil qui t'a tellement plu chez l'antiquaire.

   _____

4. (assez) Est-ce que tu as joué ?

   _____

5. (souvent) Les copains de mon frère cadet gênaient mon cercle d'amis.

   _____

6. (beaucoup) Tu as mal au ventre parce que tu as mangé chez Tante Louise.

   _____

7. déjà) Puisque vous avez indiqué votre intention de partir, loin de moi l'idée de vouloir vous en empêcher !

   _____

8. (sans doute, tôt ou tard) Tes collègues vont apprendre la triste vérité.

   _____

9. (quelque part) Les enfants s'en sont allés sans le dire à personne.

   _____

10. (trop) Je me méfie de ta copine parce qu'elle a insisté sur son innocence.

   _____

E (Section III.A)

Reliez les éléments fournis en faisant des comparaisons de supériorité, d'infériorité ou d'égalité. Commencez par le premier substantif et utilisez toujours le verbe être.

> **Modèle**
>
> **Vous lisez** : Volkswagen, Cadillac, cher
>
> **Réponse** : Une Volkswagen est moins chère qu'une Cadillac.

1. moutarde, mayonnaise, gras

   _____

2. cadre, ouvrier, bien payé

   _____

3. Toronto, Montréal, cosmopolite

   _____

4. base-ball, football, passionnant

   _____

5. bière, champagne, prestigieux

   _____

6. yaourt, crème fraîche, bon pour la santé

   _____

F (Section III.A)

Faites des phrases à partir des éléments fournis en mettant chaque adjectif ou adverbe au comparatif.

1. Canadiens / jouer / bien / au hockey / Américains

   _____

2. indépendance / prendre / une / petit / importance / prospérité

   _____

3. 22 juin / nuit / être / long / jour

   _____

4. y a-t-il quelque chose / mal / ennui ?

   _____

5. étudiants / être / intelligent / leurs critiques / croire

   _____

G (Section III.B)

Remplacez les adjectifs et les adverbes entre parenthèses par leur superlatif et ajoutez les prépositions qui s'imposent.

1. La (mauvais) _____ possibilité _____ toutes, c'est qu'on annule ton voyage.

2. C'est la candidate (bien qualifié) _____ groupe.

3. Les élèves qui étudient (bien) _____ à l'école primaire ne reçoivent pas toujours les (bon) _____ notes à l'université.

4. Ce n'est pas possible ! J'ai acheté la montre (cher) _____ magasin et voilà qu'elle marche (mal) _____ toute ma collection.

5. Pour leurs vacances d'hiver, ils préfèrent la Martinique car c'est là qu'ils bronzent (rapidement) _____.

6. Quelle est la personne (généreux) _____ ta famille ?

H (Section III)

Traduisez en français.

1. *Marianne sings better than you think but Jeanne is a better dancer.*

   _____

   _____

2. *The wines weren't as good as I imagined.*

   _____

3. *Brigitte is less demanding and spoiled than Pilou.*

   _____

4. *The pastries are much less expensive than you think.*

   _____

5. *Michel has the worst habits in the residence.*

   _____

I (SECTION IV.A)

Comparez les deux premiers éléments par rapport au troisième en utilisant **plus de**, **moins de** ou **autant de** et le verbe indiqué.

Modèle

Vous lisez : gâteau, orange, calories, avoir

Réponse : Un gâteau a plus de calories qu'une orange.

---

1. souper à 10 $, dîner à 20 $, plats, offrir

   _____

2. poulet, bifteck, temps de cuisson, demander

   _____

3. vie campagnarde, vie urbaine, complications, entraîner

   _____

4. Toronto, Montréal, avantages culturels, offrir

   _____

5. régime à 1 000 calories, régime à 1 500 calories, efforts, exiger

   _____

J (SECTION IV.B)

Faites des comparaisons selon le modèle.

Modèle

Vous lisez : moi: peser 70 kilos ; mon frère : 77 kilos

Réponse : Tu pèses 7 kilos de moins que ton frère.

---

1. moi : habiter ici depuis dix ans ; ma femme : sept ans

   _____

2. nous : disposer de deux ordinateurs ; notre concurrent : cinq ordinateurs

_____

3. Martin : manger 3 000 calories par jour ; sa femme : 1 500 calories

_____

4. Hélène : peindre deux pièces hier ; Marc : une pièce

_____

K (SECTION IV.C)

Faites des corrélations selon le modèle.

> ## *Modèle*
>
> **Vous lisez** : on / manger du chocolat ; on / maigrir
>
> **Réponse** : Plus on mange du chocolat, moins on maigrit.

1. je / prendre des bières ; ta cravate orange / me / plaire

_____

_____

2. cet homme politique / prononcer des discours ; nous / s'endormir

_____

_____

3. on / regarder la télévision ; on / devenir intelligent

_____

4. je / habiter avec toi ; il / me / falloir / de la patience

_____

5. je / te / connaître bien ; je / te / comprendre

_____

L (SYNTHÈSE)

Mettez les éléments entre parenthèses à la forme qui convient. S'il s'agit d'adjectifs, mettez-les à l'endroit approprié. Un astérisque (*) signifle qu'il faut transformer le mot donné en adverbe, tandis que les symboles (=), (+) et (–) indiquent que vous devez faire une comparaison d'égalité, de supériorité, ou d'infériorité.

Je vais te faire le portrait de ma (vieux) _____ amie _____ Sylvie. C'est une (beau, travailleur) _____ femme _____ qui déteste (*évident) _____ les (peu naturel et menteur) _____ personnes _____. Elle m'a avoué que, (*franc) _____, lorsqu'on lui parle de quelqu'un (hypocrite) _____, elle préfère changer de sujet. Sylvie déclare (*résolu)_____ que les femmes devraient avoir (=) _____ possibilités d'avancement professionnel _____ les hommes. Pourtant, elle nuance (*scrupuleux) _____ cette conviction en admettant que si un homme a un (*net + bon) dossier _____ que celui d'une femme, l'on peut (*exceptionnel) _____ donner la préférence à la (masculin) _____ candidature _____. Autrement, les hommes finiraient par se plaindre d'avoir (–) _____ chances de succès _____ les femmes. Malgré ses (progressiste) _____ vues _____, Sylvie estime que la tenue (l'habillement) d'une femme est (= important) _____ son caractère. Pas question d'acheter des (violet clair) _____ robes _____ à (orange) _____ pois (polka dots) _____ ! Non, il faut s'en tenir à des (classique mais chic) _____ vêtements _____. Du côté sentimental, Sylvie a un (*excessif possessif) _____ caractère _____. C'est une (*constant jaloux) _____ femme _____. Pourtant, le (dernier) _____ mois _____, elle s'est arrangée pour avoir une (drôle) _____ aventure _____ avec un (pauvre, grec) _____ millionnaire _____ qui, (*apparent) _____, était même (+ possessif) qu'elle. (*malheureux) _____, je n'ai pas le temps de te raconter le (fatal) _____ résultat _____ de cette (*complet destructeur) _____ liaison _____. Il suffit de dire qu'(*actuel) _____, Sylvie veut mener une (– public et + discret) _____ vie _____ que par le passé.

M (SYNTHÈSE)

Faites des phrases à partir des éléments suivants. Lorsque deux mots sont séparés par une barre oblique (/), il faut choisir l'un des deux. N'oubliez pas d'accorder les adjectifs et les verbes. Vous devrez parfois changer l'ordre des mots ou leur forme ou ajouter des mots.

> ## *Modèle*
>
> **Vous lisez** : nous parler de lui / la problèmes actuel Canada
>
> **Réponse possible** : Nous lui parlons des problèmes actuels du Canada.

1. mon nouveau ami ne plus pouvoir porter son chemise bleu foncé parce que il se gaver / étoffer depuis plus un mois

   _____

   _____

   _____

2. plus ce femme pauvre essayer garder son ligne / régime, plus tentations tu donner lui / la

   _____

   _____

   _____

3. ce garçon déjà trop oublier ; je aller laisser lui / le pourboire beaucoup moindre / plus petit que il pouvoir imaginer

   _____

   _____

   _____

4. plus long carte / liste vins être, plus nerveux je devenir. Si tu compter ordonner / commander gros bouteille vin, moi je aller prendre quelque hors-d'œuvre seulement

   _____

   _____

   _____

5. tu venir de servir soupe froid, mais Sylvie être d'autant plus fâchée que / parce que tu ne même pas faire réchauffer pommes frite

   _____

   _____

   _____

N ACTIVITÉS

Composition dirigée

Votre copine ou copain vient dîner chez vous pour la première fois. Il va sans dire que vous voulez faire bonne impression sur elle ou sur lui. Racontez la soirée en commençant par les préparatifs. Ce peut être une expérience des plus réussies ou des plus désastreuses, selon votre imagination. Longueur : 300 mots. Incorporez dans la composition SEPT des expressions suivantes et soulignez celles dont vous vous servez.

la bonne chère	se gaver
garder sa ligne	plat de résistance
volaille	chou-fleur
mille-feuilles	éplucher
assaisonner	faire cuire au four
marmite	faire fondre
poêle à frire	

Débat

L'obsession des calories soit chez l'individu, soit dans la société. Est-ce un trait maladif ou sain ? Comme d'habitude, chaque équipe gagnera un point pour chaque expression du vocabulaire de ce chapitre correctement employée.

CHAPITRE 9

A (SECTION I)

Mettez les infinitifs entre parenthèses au présent du subjonctif. Faites les élisions qui s'imposent. (Corrigé)

1. Avant que tu (recevoir) _____ le paquet, il faut que je (aller) _____ à la poste pour tout vérifier.

2. C'est dommage que ton frère (ne pas pouvoir) _____ nous aider.

3. Penses-tu que le nouveau travail me (plaire) _____ ?

4. Il faut faire signer le testament avant que Fifi (mourir) _____.

5. Bien qu'il (falloir) _____ bien s'habiller pour une entrevue, ce n'est pas la tenue qui (être) _____ le critère le plus important.

6. On mangera à la terrasse, à moins qu'il (pleuvoir) _____.

7. Je regrette que vous (ne pas vouloir) _____ m'accompagner.

8. Paul refuse de partir sans que Mme Delattre lui (permettre) _____ d'emporter son nounours (*teddy bear*).

9. Veux-tu nettoyer l'écran pour qu'on (voir) _____ mieux ?

10. Est-il possible qu'Yvette (avoir) _____ l'habitude de prendre cinq bières après le travail ?

11. Je trouve bizarre que Bruno (rougir) _____ quand je le regarde.

B (SECTION II.A)

Mettez les infinitifs entre parenthèses au passé du subjonctif. (Corrigé)

1. Je suis ravi qu'ils (réussir) _____.
2. Il est absurde que la directrice (s'abstenir) _____ de voter.
3. Nous doutons qu'Anne (pouvoir) _____ arriver à temps.
4. Cela m'étonne que tes copines (partir) _____.
5. Il est impossible que les deux candidats (se parler) _____ hier.
6. On craint que les avalanches (tuer) _____ tous les alpinistes.

C (SECTION II.B)

Mettez les infinitifs entre parenthèses au présent ou au passé du subjonctif.

1. Ça me gêne que Norbert et Joséphine (refuser) _____ de venir hier soir.
2. Il se peut que le propriétaire nous (interdire) _____ d'adopter le chat dont tu as tellement envie.
3. À moins que tu (déjà recevoir) _____ les formulaires nécessaires, les bureaucrates diront « non ».
4. Il fallait que je (se nettoyer) _____ le visage avec de l'eau froide.
5. Le patron voulait que nous (se dépêcher) _____.
6. J'étais furieux que personne (se présenter) _____ à l'heure que j'avais indiquée.
7. Nous voudrions que Jean-Claude nous (rejoindre) _____ en ville demain.
8. Pourquoi craignais-tu que ta femme (manquer) _____ son train la veille ?
9. Il semble que le bébé (boire) _____ de cette lotion après-rasage quand personne ne le regardait.
10. Vaut-il mieux que je (prendre) _____ un bain après ton retour ?

D (SECTION III)

Traduisez en français en employant le subjonctif.

1. *Let Maurice go and look for another job.*

   _____

2. *Long live French grammar !*

   _____

3. *Daphne's tired ? Let her go rest a bit !*

   _____

E (SECTIONS IV.A ET IV.B)

Mettez l'infinitif entre parenthèses au mode et au temps qui conviennent et faites les élisions qui s'imposent.

1. Attends que je (pouvoir) _____ m'occuper de ton projet.

2. La vedette a empêché que son public (s'apercevoir) _____ qu'elle sortait avec un vendeur d'assurances.

3. Il était probable qu'un pantalon tellement bon marché (être) _____ en polyester.

4. La présidente va sans doute nier que son mari l'(aider) _____ pendant la campagne du mois dernier.

5. Il paraît que ce nouveau savon (nuire) _____ à la peau.

6. Est-il vrai que les mini-jupes (être) _____ de nouveau à la mode ?

7. J'espère qu'après le sommet, il y (avoir) _____ moins de tension entre les superpuissances.

8. Mon copain croit que ce nouveau tailleur te (aller) _____ très bien.

9. Le patron n'a pas consenti à ce que nous (s'absenter) _____ pour l'après-midi.

10. Vas-tu exiger que Muriel (repeindre) _____ sa chambre ?

11. Il était temps que tu m'(obéir) _____.

12. Il me semble que tu (devoir) _____ t'acheter un autre manteau.

13. Il n'est pas du tout surprenant que ton petit neveu (ne pas vouloir) _____ rester au lit hier.

14. Je me doutais qu'ils (fermer) _____ l'édifice deux jours plus tôt sans le dire à personne.

15. Nous souhaitons que la fête te (plaire) _____.

16. Il était peu probable qu'une robe d'aussi bonne qualité (coûter) _____ 25 $ seulement.

17. Il est évident que Marc (ne pas savoir) _____ comment s'y prendre.

18. Avec tous ces retards, penses-tu que leur maison (être) _____ prête avant la date limite ?

19. Il semblait que Philippe (ne jamais réussir) _____ à préparer l'examen qui approchait.

20. Je m'opposais à ce que Paul (venir) _____ chercher désormais les enfants.

F (SECTIONS IV.A ET IV.B)

Voici la situation : La vie de Robert était insupportable depuis qu'il avait gagné à une loterie fédérale. Toute sa famille le pressait d'être généreux avec sa nouvelle fortune ; ses amis ne le laissaient jamais tranquille ; ses collègues de travail étaient jaloux à cause du favoritisme du patron. Plus Robert pensait à son avenir, moins il pouvait dormir. Complétez les phrases suivantes en vous inspirant du dilemme de Robert.

1. Robert était de plus en plus fâché que ses amis

   _____

2. Sa femme aurait voulu que

   _____

3. Lui et sa femme espéraient que

   _____

4. Robert n'était pas sûr que

   _____

5. Il lui semblait que

   _____

6. Sa famille était malheureuse que

   _____

7. Ses collègues s'attendaient à ce que

   _____

8. Il aurait mieux valu que son patron

   _____

9. Il était probable que

_____

10. Pour retrouver le bonheur, il fallait que Robert

_____

_____

G (SECTION IV)

Joignez la première phrase à l'expression qui la suit. Attention ! Il faut tantôt le subjonctif, tantôt l'indicatif, tantôt l'infinitif. N'oubliez pas d'ajouter l'élément grammatical approprié (par exemple, **à**, **de**, **que**, **à ce que**) pour lier les deux propositions.

Modèle

Vous lisez : Nanette est restée au lit. Maman est furieuse

Réponse : Maman est furieuse que Nanette soit restée au lit.

---

1. Toutes mes chemises seront démodées. J'ai peur

_____

2. Marie a été reçue en sciences économiques. Marie est ravie

_____

3. Véronique nous a invités au restaurant. Je suis gêné

_____

4. Martin ira bientôt en vacances. Martin espère

_____

5. Dorothée s'est fait teindre les cheveux. Dorothée est contente

_____

6. Elles ont acheté le même chapeau. Nous sommes certains

_____

7. Philibert fera fortune à Montréal. Philibert est sûr

_____

8. Monique ferait bonne impression sur tous. Nous tenions

_____

H (SECTION V.A)

Faites des phrases à partir des mots donnés en ajoutant les éléments qui s'imposent (par exemple, conjonctions, prépositions) et en faisant les accords nécessaires.

> ### *Modèle*
>
> **Vous lisez** : à condition / tu / me / dire / la vérité, je / vouloir / bien / te / pardonner
>
> **Réponse** : À condition que tu me dises la vérité, je veux bien te pardonner.

1. hier / nous / rester / bibliothèque / jusqu'à / mon / femme / arriver

   _____

   _____

2. candidats / paraître / trop jeune pour / nous / les / prendre au sérieux

   _____

   _____

3. quoique / ils / avoir l'air grotesque / il / falloir / nous / les / recevoir

   _____

   _____

4. hier soir / ce enfant / pouvoir / lacer / son / chaussures / sans / nous / le / aider

   _____

   _____

5. à moins / tu / vouloir / désastre / se produire / il / être / nécessaire / ton assistant / obtenir / équipement de sauvetage

   _____

   _____

I (SECTION V.B)

Traduisez en français. Si les deux propositions ont le même sujet, utilisez une préposition suivie de l'infinitif.

1. *Unless you learn to drive, you'll always have problems.*

   _____

2. *Jacques can leave provided there's someone here.*

   _____

3. *For fear that she might be seen, Henriette didn't leave her room.*

   _____

4. *Marc bought that shirt before he realized it was out of style.*

   _____

5. *Françoise put on a mask so that she wouldn't be recognized.*

   _____

J (SECTION V)

Reliez les deux phrases par une conjonction ou par une préposition en enlevant les mots devenus inutiles et en faisant les changements nécessaires.

Modèle

Vous lisez : Pierre va consentir à nous prêter de l'argent. Mais nous devons garantir de le rembourser avant juin.

Réponse possible : Pierre va consentir à nous prêter de l'argent, à condition que nous garantissions de le rembourser avant juin.

---

1. Je veux bien accepter ton invitation. Mais tu dois pouvoir compter sur la collaboration des autres.

   _____

2. Brigitte refuse de faire son exposé. Pourtant elle a passé un temps fou à le préparer.

   _____

3. Leur maison est assez grande. Nous pourrons y recevoir cinquante personnes.

_____

4. D'abord Virginie s'est coiffée. Ensuite elle s'est maquillée.

_____

5. Il faudra attendre. Le gérant prendra finalement sa décision.

_____

6. Madeleine s'est déguisée en pirate. Alors personne ne l'a reconnue.

_____

7. Après la soupe à l'ail, Pierre s'est brossé les dents deux fois. II ne voulait pas sentir l'ail.

_____

K (SECTION VI)

Traduisez en français.

1. *However he dresses, he looks unkept.*

_____

2. *Avoid whatever could upset you.*

_____

3. *Whatever your opinions are, keep them to yourselves* (pour vous).

_____

4. *Don't disturb me, whatever the reason.*

_____

5. *Wherever they looked, they always found problems.*

_____

6. *In this restaurant, it's dangerous to order whatever you want.*

_____

L (SYNTHÈSE)

Faites des phrases à partir des éléments suivants. Lorsque deux mots sont séparés par une barre oblique (/), il faut choisir l'un des deux. N'oubliez pas d'accorder les adjectifs et les verbes. Vous devrez parfois changer l'ordre des mots ou leur forme ou ajouter des mots.

Modèle

Vous lisez : nous parler lui / la problèmes actuel Canada

Réponse possible : Nous lui parlons des problèmes actuels du Canada.

---

1. hier je vouloir Valérie acheter ce complet / tailleur, mais elle ne pas penser il lui aller parce que gilet / veste être trop court

   _____

   _____

   _____

2. avant que / de se raser, tu devoir légèrement mouiller visage. si tu avoir délicat teint, ne pas utiliser crème raser / rasage bon marché

   _____

   _____

   _____

3. ce être bizarre Hélène se maquiller ce matin avant laver figure

   _____

   _____

   _____

4. à moins de / que on être professeur, les gens s'attendre on soigner mise

   _____

   _____

   _____

5. Dorothée ne pas aller attendre jupes long revenir mode. elle croire mini-jupes déjà être démodé

   _____

   _____

   _____

M (Synthèse générale)

Mettez les infinitifs entre parenthèses à la forme qui convient et ajoutez les conjonctions et les prépositions qui manquent. Faites aussi les élisions qui s'imposent.

Je viens de faire la connaissance d'une fille exceptionnelle. Elle (s'appeler) _____ Margot. À condition que tu me (promettre) _____ de ne rien dire à personne, je te parlerai d'elle. Le jour où je la (connaître) _____, Margot s'attendait _____ je la (emmener) _____ tout de suite dîner au restaurant. Quand elle me (faire) _____ comprendre qu'elle (être) _____ sûre que je (consentir) _____, d'abord je (s'opposer) _____ elle me (tenir) _____ compagnie au dîner car je (ne pas aimer) _____ qu'une fille (être) _____ aussi présomptueuse avec moi. Pourtant, après quelques minutes de conversation, je (se raviser) _____ parce qu'il était possible que Margot (finir) _____ bientôt par me captiver. J'ai trouvé tout à fait bizarre qu'une fille de son âge (savoir) _____ tant de choses sur tellement de sujets. Quand nous (entrer) _____ dans le restaurant, je souhaitais déjà qu'elle (devenir) _____ ma compagne pour la vie. Côté raison, je savais bien que nous nous (connaître) _____ depuis trop peu de temps pour qu'une amitié solide (s'établir) _____ tout de suite ou même dans quelques jours. Côté sentiments, toutefois, je (espérer) _____ que cette première rencontre (être) _____ le début d'une vie partagée avec Margot.

N Activités

Composition dirigée

Commentez l'opinion suivante : « Ceux qui ont la manie de s'acheter sans cesse de nouveaux vêtements et des produits de beauté sont les victimes d'un lavage du cerveau attribuable à notre société de consommation, à la pression sociale, et à la publicité. » Longueur : 300 mots. Incorporez dans la composition DIX des expressions suivantes et soulignez celles dont vous vous servez.

maquillage	rouge à lèvres
désodorisant	slip
gilet	costume

jaquette   laine
soie   velours côtelé
la mise   la tenue
être bien mis   démodé
suivre la mode

Saynète

Inventez une conversation à laquelle participent les personnages suivants : (1) une fille de 14 ans qui veut absolument impressionner les garçons ; (2) un garçon de 17 ans qui ne pense qu'à ses études et dont la tenue laisse à désirer ; (3) un(e) étudiant(e) d'université qui tient à conseiller les deux adolescents. La classe sera divisée en groupes de trois qui écriront et interpréteront la saynète. Comme d'habitude, chaque équipe gagnera un point pour chaque expression du vocabulaire du chapitre correctement employée.

CHAPITRE 10

EXERCICES ÉCRITS

A (SECTION I.A)

Remplacez les tirets par la forme correcte de l'adjectif démonstratif. (Corrigé)

1. _____ éventualité
2. _____ horrible mal
3. _____ intentions
4. _____ problème
5. _____ appartements
6. _____ idéal
7. _____ petit ange
8. _____ espèce d'idiot
9. _____ liquide
10. _____ impossible rêve

B (SECTION I.B)

Complétez les phrases avec le pronom démonstratif variable (celui, celle, etc.) qui convient.

1. Quel est le dilemme qui vous a le plus confondu, parmi _____ que vous avez vécus ?

2. Nous devons repenser notre position sur l'économie et sur le bien-être social car _____ mérite la priorité dans toute société qui se veut humaniste.

3. Est-ce que tu me recommandes l'excursion hollandaise ou _____ qui comprend la Belgique aussi ?

4. _____ qui disent qu'il est plus facile d'économiser quand on est marié doivent être des célibataires.

5. Voici deux fromages de France. _____ est plus crémeux, mais _____ supporte mieux le voyage au Canada.

6. De toutes les maisons qu'on a visitées, c'est _____ qui m'a le plus attiré.

7. Si ta voiture est en panne, prends _____ de Michel.

8. Pourquoi veux-tu acheter ces pommes-là ? _____ sont de bien meilleure qualité.

9. _____ qui sera prêt le premier devra descendre chercher l'auto.

C (Section I.C)

Complétez les phrases avec un pronom démonstratif invariable (**cela, ça, ceci, ce,** ou **c'**) ou par un pronom personnel de la troisième personne (**il(s) / elle(s)**).

1. Rappelle-toi bien _____ : _____ que j'ai fait, je l'ai fait pour toi, pas pour moi.

2. _____ sont les enfants les plus doués de l'école.

3. Henriette est arrivée en retard, mais _____ ne veut rien dire quant à son état mental.

4. Qui est Delacroix ? _____ est un peintre romantique.

5. _____ aurait été une débâcle si ton beau-père était resté.

6. Tu vas quitter Bobby ? _____, _____ est impossible à croire.

7. Est-ce que _____ te ferait plaisir si on allait au zoo ?

8. Que fait Georgette pour gagner sa vie ? D'abord _____ est pilote de ligne et pendant ses heures libres _____ est aussi actrice.

9. _____ que je déteste surtout, _____ sont les personnes prétentieuses.

10. _____ serait une bonne idée de fermer la boutique parce que se réserver du temps libre, _____ est très important.

D RÉPONDEZ AUX QUESTIONS QUI SUIVENT

Employez la tournure **c'est … qui / que**. Utilisez des pronoms quand c'est possible.

Modèle

Vous lisez : Est-ce que Norbert t'a insulté ?

Réponse : Non, c'est Roger qui m'a insulté.

---

1. Avez-vous visité Carcassonne, toi et Louise ?
   Aix

   _____

2. Maman, est-ce que tu auras besoin de la voiture ce soir ?
   tout de suite

   _____

3. Est-ce que Marc a souffert d'hypothermie ?
   sa femme

   _____

4. Monsieur le Directeur, est-ce que je donne les lettres à votre adjoint ?
   moi

   _____

5. As-tu envie de vacances, chéri ?

   paix

   _____

6. Est-ce que Françoise se portait mal ?
   ses enfants

   _____

7. Est-ce que ton collègue s'est foulé le poignet ?
   moi

   _____

8. Madame, est-ce que je dois m'adresser au chirurgien ?
   pharmacienne

   _____

E (Section I)

Complétez les phrases par un adjectif démonstratif, un pronom démonstratif ou le pronom impersonnel **il**.

1. Raconte-moi _____ qui s'est passé.

2. Georges est assez bête pour préférer la pizza industrielle à _____ de Maman.

3. _____ ne me dérangerait pas du tout si tes amis allaient ailleurs pour écouter leur musique.

4. Voici une cassette de rock et deux cassettes de musique classique. Devrais-je offrir à Mario _____ de musique classique ?

5. _____ n'est pas possible ! Tu as fait la vaisselle !

6. Connais-tu Gabriel ? _____ est le conteur le plus passionnant qui soit.

7. _____ héros-ci est bien plus modeste que _____.

8. _____ qui arrivera le dernier devra nous payer une bière à tous.

9. Regarde _____ ! Il y a un homme qui jette des billets de 10 $.

10. Après un examen, _____ ne sert à rien de penser aux erreurs qu'on a dû faire.

F (Section II.A)

Complétez les phrases avec l'adjectif possessif qui correspond au sujet.

1. Pierre va me présenter _____ amie.

2. Maman et Papa ont perdu _____ bagages.

3. Je ne sais pas résoudre _____ problème d'argent.

4. Tu devrais avoir honte de _____ hésitation à aider ce blessé.

5. Quelqu'un a perdu _____ bagages.

6. Nous n'avons pas trouvé _____ documents.

7. Félix et Valérie ont oublié chacun _____ serviette.

8. Pourquoi avez-vous vendu _____ meubles ?

9. On devrait consulter _____ médecin en cas de maux de tête continus.

10. J'aimerais te montrer _____ ancienne maison.

G (SECTION II.A)

Complétez les phrases avec un pronom possessif ou l'article défini. Faites les contractions qui s'imposent.

1. Pourquoi as-tu baissé _____ tête quand je t'ai parlé ?

2. _____ bras était tout enflé, mais Marie a refusé de se faire soigner.

3. Je portais un bandeau (*patch*) sur _____ œil blessé.

4. Le petit pleurait parce que sa mère lui lavait impitoyablement _____ figure.

5. Quand est-ce que Jeannette s'est blessé _____ genou gauche ?

6. Pierrette est sortie, _____ chandail sur _____ épaules.

7. Serge a _____ charmant visage angélique.

8. Comment as-tu sali _____ jupe ?

9. Je viens de me faire couper _____ cheveux.

10. Si Anne refuse de s'absenter du travail, _____ jambe ne guérira jamais.

11. As-tu jamais perdu _____ mémoire ?

H (SECTION II.B)

Complétez avec le pronom possessif qui convient et faites les contractions qui s'imposent.

1. Puisqu'on est en train de réparer ma bicyclette, est-ce que je pourrais emprunter _____, Richard ?

2. Ces ustensiles de cuisine sont-ils à Rachel ? Oui, ce sont _____.

3. Bien sûr que tu tiens à tes projets, mais moi je tiens à _____.

4. Paule a accepté de baisser le volume de sa chaîne stéréo, à condition que nous acceptions de baisser le volume de _____ aussi.

5. Simone n'a plus de cicatrice, mais j'ai encore _____.

6. Ton aspirateur ne marche plus ? Nous n'avons plus besoin de _____, alors prends-le.

7. Étant donné que mon garage est plein de tes cadeaux de Noël, veux-tu me laisser rentrer ma voiture dans _____ ?

8. Si Georges avait permis à ses enfants de faire du camping en décembre, auriez-vous permis à _____ d'y aller aussi ?

I (Section III.A)

Remplacez les tirets par l'adjectif démonstratif, et par **-ci** ou par **-là** si c'est nécessaire. Ajoutez aussi une préposition s'il y a lieu.

1. _____ semaine _____, j'avais trois examens à passer.

2. C'est quand la rentrée _____ année _____ ?

3. Je reste chez moi _____ soir _____ à soigner ma cheville.

4. L'attitude envers l'avortement était bien différente _____ _____ temps _____.

5. Quand j'étais en 2ᵉ année, les cours ont été annulés trois fois _____ hiver _____.

J (Section III.B)

Répondez aux questions en employant la construction possessive fournie entre parenthèses et en utilisant des pronoms.

1. Est-ce que c'est la bière de Roxanne et Philibert ? (être à)

   Oui, _____

2. Est-ce que ces diamants sont à votre patronne ? (appartenir)

   Non, _____

3. Et cette cassette, elle est à Robert ? (**de** + nom)

   Non, _____ Alain.

4. Est-ce que ce sont vos gants, Monsieur ? (être à)

   Oui, _____

K (SECTION III.C)

Remplacez les mots soulignés par une locution idiomatique contenant un pronom possessif.

1. Si tu avais bien voulu travailler, toi, moi aussi j'aurais coopéré.

   _____

2. J'en ai assez ! Si tu ne cesses pas de faire des bêtises, tu vas le regretter.

   _____

3. Mes chers parents, j'espère être avec vous pour l'Action de grâces.

   _____

4. Si tes cousins voulaient vraiment être utiles à notre campagne, ils prendraient part sans exiger de paiement.

   _____

L (SYNTHÈSE)

Remplacez les tirets par un élément démonstratif (adjectif ou pronom), par un adjectif possessif, ou par l'article défini. S'il me manque rien, écrivez un tiret (—).

Aujourd'hui, j'ai _____ tête qui pèse lourd. _____ nuit _____, je n'ai pas fermé _____ œil tant _____ dos était douloureux. Hier, en faisant du ski, je me suis foulé _____ cheville droite en essayant de me relever. En plus de _____ entorse, je suis tombé deux fois sur _____ dos. Par-dessus le marché, pendant qu'on rentrait à l'hôtel à pied, je me suis tordu _____ pauvre dos en me retournant brusquement quand un inconnu m'a interpellé. _____ inconnu _____ voulait qu'on lui donne 2 $ pour acheter une bière. Puisqu'il avait _____ mine assez pitoyable, je me suis demandé si _____ ne vaudrait pas la peine de lui faire acheter quelque chose de plus nourrissant. En effet, _____ santé avait l'air fragile ; en plus, il me semblait que _____ tête lui tournait : _____ vêtements paraissaient d'ailleurs n'avoir jamais été lavés, au point où tout _____ corps lui démangeait. Quand je lui ai proposé un sandwich, _____ a eu l'effet d'un médicament désagréable. _____ amie Claudine, à cause de _____ conscience sociale excessivement développée, m'a accusé de n'avoir pas vraiment voulu aider le pauvre. D'après elle, si j'avais insisté pour que le clochard prenne un petit quelque chose, je lui aurais peut-être sauvé

_____ vie. J'ai justifié _____ comportement en rappelant à Claudine _____ dos blessé, mais elle n'a fait que me donner un petit sourire cynique.

M Traduisez en français.

1. *Her father hadn't yet regained his health, but he was on his way to recovery.*

   _____

   _____

2. *If the surgeon didn't agree with that diagnosis, he would advise the patient not to have the operation.*

   _____

   _____

3. *Unless your girlfriend takes this antibiotic, something terrible will happen to her.*

   _____

   _____

4. *Before he finally underwent treatment, they were constantly taking him to emergency.*

   _____

   _____

5. *Muriel must be in good health; she never gets a cold or the flu.*

   _____

   _____

N Activités

Composition dirigée

Quels sont les avantages et les inconvénients de faire carrière en médecine ? Longueur : 300 mots. Incorporez dans la composition DIX des expressions suivantes et soulignez celles dont vous vous servez.

soigner	passer une nuit blanche
malaise	avoir des troubles mentaux

soulager la souffrance   cabinet de médecin
diagnostic   ordonnance
piqûre   foulure
être bien portant   consultation médicale
guérir   chirurgien
opérer

Saynète

Écrivez un mini-épisode d'un feuilleton médical. Suggestions : les derniers moments de la vie d'une vedette atteinte d'une maladie incurable ; un hypocondriaque qui est, pour une fois, vraiment malade et qui rend la vie insupportable à tous ceux qui le soignent ; une liaison amoureuse « impardonnable » entre, par exemple, une femme médecin et un infirmier. La classe sera divisée en groupes de quatre et, comme d'habitude, chaque équipe gagnera un point pour chaque expression du vocabulaire de ce chapitre correctement employée.

CHAPITRE 11

A (SECTIONS I.A ET I.B.1)

Formez des questions au moyen de l'inversion.

Modèle

Vous lisez : vous / ne / pas / être / content ? (présent)

Réponse : N'êtes-vous pas content ?

---

1. il / ne / pas / y / avoir / de service ? (passé composé)

   _____

2. les alpinistes / déjà / le / atteindre ? (plus-que-parfait)

   _____

3. toi et Madeleine / se / y / détendre ? (conditionnel passé)

   _____

4. tu / ne / pas / se / en / occuper ? (passé composé)

   _____

5. vous / ne / pas / les / cueillir ? (conditionnel présent)

   _____

6. comment / vous / se / y / prendre ? (conditionnel passé)

   _____

7. pourquoi / nous / se marier ? (passé composé)

   _____

8. quand / ils / nous / en / envoyer ? (futur)

_____

9. où / vous / aller / se baigner ? (présent de **aller**)

_____

10. ta mère / ne / pas / y / consentir ? (conditionnel passé)

_____

B (Section I.B.2)

Remplacez les tirets par la forme interrogative qui convient. Attention ! Il faut tantôt utiliser **est-ce que**, tantôt l'inversion.

1. _____ vous est arrivé ? — Rien.

2. _____ as-tu vu au cinéma ? — Thérèse.

3. _____ va nous aider ? — Guillaume.

4. _____ ils ont regardé ? — Le téléjournal.

5. Avec _____ ils ont fait la pizza ? — Avec des ingrédients naturels.

6. Sur _____ peut-on compter ? — Sur Paul.

7. _____ te gêne ? — Ta franchise.

8. _____ nous allons voir ? — Grand-papa.

9. _____ vas-tu préparer ? — Un beau dessert.

10. _____ ne marche pas ? — Mon appareil-photo.

C (Section I.B.3)

Complétez les phrases avec la forme appropriée de **quel** ou de **lequel**. Ajoutez les prépositions qui manquent et faites les contractions qui s'imposent.

1. _____ de tes amis vas-tu demander la voiture ?

2. _____ problèmes vous paraissent les plus difficiles ?

3. _____ de ces tentes est la plus solide ?

4. _____ arbuste résisterait le mieux à notre climat ?

5. Voici deux enfants. _____ voudrais-tu t'occuper ?

6. _____ est la capitale de la Corée du Sud ?

7. _____ pourrait être la politique la plus sensée ?

8. _____ des plages de Rio as-tu visitées ?

9. _____ sont ces costumes ?

10. Il faut contacter la moitié de ces clientes aujourd'hui. _____ vas-tu téléphoner ?

D (SECTIONS I.B.2 ET I.B.3)

Remplacez les tirets par la forme correcte de **quel** ou de **lequel** ou par **qu'est-ce que c'est que**.

1. _____ l'absolutisme ?

2. _____ serait la meilleure solution ?

3. _____ de ces pistes est pour les débutants ?

4. _____ un nénuphar ?

5. _____ est ta piste cyclable préférée ?

E (SECTION II)

Complétez les phrases avec un pronom relatif.

1. Connais-tu la compagnie pour _____ Marguerite travaille ?

2. C'est un sommet _____ défierait les meilleurs alpinistes.

3. Voilà le groupe avec _____ j'ai fait du ski de fond.

4. Ils ont fermé toutes les plages le jour _____ nous devions partir en vacances.

5. Les véliplanchistes _____ tu avais invités n'ont pas pu venir.

6. Ce sont ces rapides-là _____ ont l'air bien difficiles.

7. J'ai appris à faire de la planche à voile l'été _____ tu m'as présenté Gérard.

8. Auriez-vous les pagaies _____ j'ai besoin ?

F (Section II.B)

Combinez chaque paire de phrases au moyen d'un pronom relatif.

Modèle

Vous lisez : Cet écolier est maintenant un champion de ski. Ses parents lui ont payé des leçons pendant six ans.

Réponse possible : Cet écolier dont les parents lui ont payé des leçons pendant six ans est maintenant un champion de ski.

---

1. Le verger vient de changer de propriétaire. Nous faisons des pique-niques à côté de ce verger.

   Le verger _____

   _____

2. Ces deux femmes s'y connaissent en plongée sous-marine. Vous étiez assis entre ces femmes.

   Ces deux femmes _____

   _____

3. La fille va partir demain à Québec. J'ai rompu hier avec cette fille.

   La fille _____

   _____

4. Le livre est épuisé. J'ai surtout envie de ce livre.

   Le livre _____

   _____

5. Cette dame habite à côté de chez vous. Je travaille souvent avec le mari de cette dame.

   Cette dame _____

   _____

6. Le camping est une activité fort recommandée. L'été serait insupportable sans cette activité.

   Le camping _____

   _____

7. Tu as vu les coquillages ? J'ai ramassé ces coquillages à la Martinique.

   Tu as vu _____

   _____

8. Avez-vous entendu parler du ruisseau ? On aurait trouvé de l'or au fond de ce ruisseau.

Avez-vous _____

_____

9. Les enfants savent déjà faire de la voile. Je m'occupe de ces enfants depuis un an.

Les enfants _____

_____

10. Les candidats essaient d'acheter des votes. Vous me conseillez de compter sur ces candidats.

Les candidats _____

_____

G (SECTION II.C)

Complétez les phrases par un pronom relatif précédé de **ce**. Ajoutez les prépositions qui s'imposent.

1. _____ m'inquiète, c'est que Jacques ne nous a rien dit.

2. Peux-tu deviner _____ nous avons fait cet après-midi ?

3. _____ je pense ne te regarde pas.

4. Ensuite Henriette s'est excusée, _____ nous a tous surpris.

5. _____ tu devrais t'occuper, c'est de ta dissertation d'histoire.

6. _____ je ne peux pas tolérer, c'est ton manque de tact.

7. Après le souper, nous avons dormi un peu, _____ tout le monde avait grand besoin.

8. _____ vous devriez pouvoir compter, c'est notre discrétion absolue.

H (SECTIONS II.B ET II.C)

Complétez les phrases par un pronom relatif, accompagné d'une préposition s'il y a lieu.

1. Je ne connais pas la fille _____ Marc a amenée.

2. Dites-moi _____ vous gêne.

3. _____ j'ai envie, c'est une glace à l'italienne.

4. Les choses _____ vous pensez sont toutes banales.

5. Te rappelles-tu _____ nous est arrivé le jour _____ nous sommes montés à cheval pour la première fois ?

6. La mère avec la fille _____ tu joues au squash vient d'escalader le mont Blanc.

7. Les invités _____ notre directeur a offert son chalet ne l'ont même pas remercié.

8. _____ je tiens, c'est ton bonheur.

9. La police a fermé le camping devant _____ l'accident s'était produit.

10. Marc a avoué que c'était lui le voleur, _____ personne ne se doutait.

I (Section II.D.1)

Donnez la forme du pronom relatif qui convient. Attention ! Dans certaines phrases, le sujet suit le verbe.

1. Avant de commencer une dissertation, il faut vérifier _____ veut le professeur.

2. Ce sont des sites historiques _____ visitent, chaque année, des milliers de touristes.

3. _____ intéresse le public, c'est la prospérité économique.

4. Connais-tu la fille _____ est passée nous voir ?

5. Les résultats _____ espéraient les directeurs ne se sont pas produits.

J (Section II.D.3)

Complétez chaque phrase avec l'indicatif ou le subjonctif du verbe entre parenthèses.

1. C'est scandaleux ! Il ne reste qu'une seule plage où l'eau ne (être) _____ pas polluée.

2. Je vais te présenter à quelqu'un qui (s'y connaître) _____ en ski de fond.

3. Nous avons trouvé un vieillard qui (se souvenir) _____ de la grève générale de 1920.

4. Seras-tu accompagné de quelqu'un qui (savoir) _____ monter une tente ?

5. J'espère que vous ne ferez rien qui (nuire) _____ à l'environnement.

6. Nous ne connaissons personne qui (participer) _____ à la manifestation de la semaine dernière.

K (SECTION III)

Refaites les phrases suivantes en y ajoutant des tournures exclamatives.

> ### Modèle
>
> **Vous lisez** : Gilles a fait bon nombre de rapports.
>
> **Réponse possible** : Que de rapports Gilles a faits !

1. Tu as ramassé beaucoup de coquillages.

   _____

2. Il a beaucoup neigé.

   _____

3. Hélène portait une très belle robe.

   _____

4. J'ai passé une nuit épouvantable.

   _____

5. Nous avons pêché bon nombre de truites.

   _____

L TRADUISEZ EN FRANÇAIS.

1. *Which friends are you going to go windsurfing with ?*

   _____

2. *The man you asked to mow the lawn decided to go sailing.*

   _____

3. *What I need is a week when I'll spend all my time diving and sunbathing.*

_____

_____

4. *Which are the flowers Georges picked for you?*

_____

5. *It's now forbidden to swim in the stream we used to pitch our tent next to.*

_____

_____

M (SYNTHÈSE)

Ajoutez au dialogue suivant les pronoms interrogatifs et relatifs qui manquent.

— Mon pauvre Nicolas, quelle tête ! _____ t'arrive ?

— Je viens de voir la vendeuse _____ je t'ai parlé l'autre jour. _____ me paraît impardonnable, c'est qu'elle ne m'a même pas reconnu.

— Et tu as peur que les copains devant _____ tu t'es vanté n'apprennent que ça ne marche pas du tout avec elle. Mais pour _____ tu te prends ? Un Casanova ?

— J'aimerais savoir _____ te donne à toi le droit de me faire un commentaire pareil. _____ as-tu fait dans la vie pour te considérer un spécialiste en la matière ?

— Non, non, là tu te trompes, mon vieux. C'est une affaire _____ n'exige pas vraiment de l'expérience, mais une certaine sensibilité sans _____ on se verra toujours condamné à l'échec.

— Mais dis-moi la raison pour _____ tu me parles avec condescendance, _____ je trouve d'ailleurs absolument inadmissible. Toi non plus, tu n'es pas exactement brillant dans les situations sentimentales _____ exigent le moindre savoir-faire.

— _____ me plairait surtout maintenant, ce serait de te voir obligé de manifester ton vaste savoir-faire à toi devant une autre « victime ». _____ te fait croire que Ià tu te débrouillerais comme une star ?

— La façon _____ je me débrouillerais ne t'impressionnerait peut-être pas, mais contrairement à toi, je sauvegarderais tout de même ma dignité.

— Dis donc ! _____ est cette dignité sur _____ tu insistes ? À mon avis, il faudrait prendre ta dignité pour _____ elle est vraiment : c'est-à-dire, rien que de l'orgueil.

— _____ tu viens de dire est la meilleure preuve possible d'une sensibilité _____ j'aurais honte à ta place.

— Ben, voilà. _____ tu t'intéresses, c'est écouter non pas des conseils constructifs, mais des propos de pitié. Et la pitié, c'est quelque chose _____ tu n'évoqueras jamais avec une attitude pareille.

— Oui, c'est ça. _____ compte pour toi, c'est pouvoir humilier les autres.

N ACTIVITÉS

Composition dirigée

Supposons qu'on vous offre un poste bien rémunéré dans un village tout proche de la nature, mais à trois heures de route d'une ville d'importance culturelle. Accepteriez-vous de vous installer dans le village ? Quels conflits faudrait-il résoudre avant de vous décider ? Est-ce que les attraits de la vie rustique vous satisferaient ? Ou bien regretteriez-vous trop la grande ville ? Longueur : 300 mots. Incorporez dans la composition DIX des expressions suivantes et soulignez celles dont vous vous servez.

fleuve	ruisseau
faire du canoë	aller à la pêche
cueillir	cultiver
tondre le gazon	pagayer
broussailles	faire du ski de fond
se détendre	sentier
dresser une tente	faire de l'équitation
planter des graines	verger

Saynète

Hippolyte et Béatrice sont fanatiques des activités de plein air, mais Marie-Chantal, la femme d'Hippolyte, ne veut pas en entendre parler. Elle résiste aux supplications des deux autres, qui voudraient l'emmener faire du camping. La classe sera divisée en équipes de trois qui inventeront et joueront la saynète. Chaque équipe gagnera, comme d'habitude, un point pour chaque expression du vocabulaire de ce chapitre correctement employée.

Chapitre 12

A (Section I.A)

Vous êtes assistant ou assistante social(e). Une de vos clientes, Héloïse, a changé radicalement de caractère et vous mettez vos collègues au courant de ces changements. Répondez à leurs questions en employant un adverbe de négation (**ne... pas**, **ne... plus**, **ne... jamais**, **ne... pas encore**, etc.).

Modèle

Vous lisez : Est-elle déjà revenue de sa thérapie ?

Réponse possible : Non, elle n'en est pas encore revenue.

---

1. Est-ce qu'Héloïse nous fait encore des reproches ?
   Non, elle _____. Elle a plutôt tendance à se taire.

2. Est-ce que tu la trouves très méfiante ? (Trouvez un adverbe autre que **pas.**)_____ elle est plutôt timide.

3. Alors, dernièrement, elle s'est montrée quelquefois confiante ?
   _____ mais du moins peut-on raisonner avec elle maintenant.

4. À ton avis, est-ce qu'elle restera toujours puérile ?
   Non, elle ne _____ puérile, dès qu'on lui aura donné des responsabilités de son âge.

5. Est-ce qu'elle pourra travailler quelque part ?
   Non, _____ tant que ses symptômes persisteront.

6. Est-ce qu'Héloïse est encore introvertie ?
   Non, _____ mais il lui reste encore du chemin à faire.

7. Marc présente des symptômes semblables mais plus graves, alors on lui a défendu de rentrer chez lui. Est-ce qu'on pourra permettre à Héloïse de rentrer ?
   Non, _____

8. C'est peut-être un peu dur de ta part. Il nous semble qu'Héloïse est déjà facile à vivre, ou presque.
   Non, elle _____, mais ça va venir !

B (SECTION I.B)

Répondez aux questions en utilisant aucun (pronom), personne, ou rien. N'oubliez pas d'ajouter en si besoin est.

1. Parmi les malades que tu as examinés, est-ce que quelques-uns t'ont paru renfermés ?

   Non, _____

2. As-tu trouvé quelque chose à me reprocher ?

   Non, _____

3. Veux-tu remonter le moral à quelqu'un ?

   Non, _____

4. Est-ce que le clown a réussi à égayer quelques enfants malades ?

   Non, _____

5. Est-ce que certains des sujets ont manifesté de l'angoisse ?

   Non, _____

6. Les psychologues ont-ils pris quelqu'un d'inhibé pour leur expérience ?

   Non, _____

7. Est-ce que le médecin a considéré quelques-uns des signes comme encourageants ?

   Non, _____

8. Est-ce que certains de tes amis sont difficiles à vivre ?

   Non, _____

C (SECTIONS I.A ET I.B)

Un ami vous interroge sur votre associé, dont le comportement vous gêne de plus en plus. Répondez négativement aux questions en remplaçant les noms par des pronoms et en donnant le contraire du mot souligné.

1. Est-ce qu'Armand a éprouvé quelquefois de l'affection pour quelqu'un ?

   _____

2. Est-ce qu'Armand t'a posé beaucoup de questions hier ?

   _____

3. Est-ce que cet égoïste n'a pas offert quelque chose à boire à vos invités ?

   _____

4. Mais Armand a-t-il parfois été capable d'honnêteté ?

   _____

5. A-t-il encore fréquenté des gens désagréables ?

   _____

6. Décidément, il n'est pas facile à vivre. Est-ce qu'il a souvent fait preuve d'hypocrisie ?

   _____

7. Alors, pour résoudre le problème, vas-tu proposer quelque chose à ton autre associé ?

   _____

8. Mais il faut faire quelque chose. Est-ce qu'Armand aura toujours besoin de thérapie ?

   _____

   dès qu'il aura trouvé quelqu'un qui le comprenne vraiment.

D (Section I.C.2)

Donnez une réponse négative elliptique (sans phrase).

> ### *Modèle*
>
> **Vous lisez** : Qui va partir ?
>
> **Réponse possible** : Personne.

1. Où vas-tu ce soir ? _____

2. As-tu encore faim ? _____

3. Est-on prêts ? _____

4. Je ne me sens pas en forme. Et toi ? _____

5. Qui me dira la vérité ? _____

6. Laquelle de tes amies a mauvais caractère ? _____

7. Que peut-on faire si quelqu'un manque d'humour ? _____

8. Et ta femme a-t-elle quelquefois fait preuve de tendresse ? _____

9. Je n'ai pas le temps d'aider Hippolyte. Et Louise ? _____

10. As-tu un seul ami qui soit d'humeur égale ? _____

E (Section I.C.3)

Combinez chaque paire de phrases en une seule en utilisant **sans**.

> ### *Modèle*
>
> **Vous lisez** : Jean va partir. Il ne le dira à personne.
>
> **Réponse possible** : Jean va partir sans le dire à personne.

1. Mes parents vont construire un garage. Ils n'aviseront aucun de leurs voisins.

_____

2. Paul a l'intention de partir. Il ne laissera rien à ses enfants.

_____

3. Simone voudrait visiter Montmartre. Elle n'engagera plus de guide.

_____

4. Victor se remettra de ses complexes. Il ne fera plus appel à personne.

_____

F (SECTION I.D.2)

Refaites les phrases suivantes en mettant **ne... ni... ni**.

1. Ces gens-là n'ont pas d'humour ni de générosité.

_____

2. Tu ne vois pas son hypocrisie ni son égoïsme.

_____

3. Nous n'avons pas besoin de conseils ni d'argent.

_____

4. Les parents n'approuvent pas la malhonnêteté ni la vantardise chez leurs enfants.

_____

5. Il ne me faut pas de carottes ni de céleri.

_____

G (SECTION I.D)

Répondez aux questions en utilisant **ni... ni... ne, ne... ni... ni**, ou **ne... ni... ne**.

1. Voudrais-tu un thé et une glace à la fraise ?

_____

2. Est-ce que ton neveu et ta nièce ont tendance à s'effacer ?

_____

3. Êtes-vous capable de faire face au caractère infantile et à la méfiance de votre fils ?

_____

4. Est-ce que le mari de Suzanne lui a parlé et écrit ?

   _____

5. Est-ce que tes profs fument et boivent beaucoup ?

   _____

6. Avez-vous trouvé votre futur beau-père franc et modeste ?

   _____

7. Est-ce que ta fiancée a envie de bière et de pizza ?

   _____

8. Cherchais-tu de l'eau minérale et du yogourt ?

   _____

H (SECTION I.E)

Vous êtes une mère qui s'inquiète beaucoup de la santé mentale de son enfant. Répondez négativement aux questions du psychologue. Chaque réponse demande une combinaison de négations.

1. Est-ce que Gabriel manifeste déjà beaucoup de curiosité ?

   _____

2. A-t-il quelquefois invité certains de ses amis chez vous ?

   _____

3. Est-ce que Gabriel va parfois quelque part avec quelqu'un le week-end ?

   _____

4. Vous dites que votre fille Simone ne fait rien pendant ses heures de loisir. Et Gabriel, qu'est-ce qu'il fait, lui, quand il a du temps libre ?

   _____

5. Est-ce que quelqu'un essaie encore d'intéresser Gabriel à quelques jeux ?

   _____

6. Y a-t-il encore quelqu'un dans votre famille à qui il fasse confiance ?

   _____

7. Est-ce que quelques-uns de vos amis pourraient faire quelque chose pour votre fils ?

   _____

8. Vous avez l'air bien découragée, madame. Est-ce que votre mari serait beaucoup plus optimiste quant à Gabriel ?

_____

Il est évident, madame, que nous avons du chemin à faire !

I (SECTION II)

Complétez par le pronom indéfini ou l'adjectif indéfini qui convient.

1. Je ne suis pas du tout exigeant. _____ marque de cognac me suffirait !

2. Si un malade présente de nombreux symptômes, il faut en examiner _____ afin de déceler l'origine du mal.

3. Une névrose _____ que la vôtre, monsieur, est assez rare.

4. Loin de moi l'idée de vouloir t'influencer. Tu peux choisir _____ de ces beaux itinéraires, mais un seul.

5. _____ complexes sont plus difficiles à surmonter que _____.

6. Ma grand-mère croit que l'impolitesse et la vantardise sont les défauts les plus graves, mais pour moi il y en a _____ qui sont bien pires.

7. Chez Jeannine, il y a _____ qui m'embête, mais je ne sais pas exactement ce que c'est.

8. Nous trouvons, madame, que _____ symptôme de votre maladie est tout à fait inhabituel.

9. Les étudiants d'un cours de conversation s'attendent à ce que le prof leur prête une attention égale à _____.

10. Quand vous arriverez à la gare, prenez _____ autobus. Ils passent tous devant chez moi.

11. Gérard n'abandonnera pas son caractère vantard du jour au lendemain. Il lui faudra _____ temps pour faire preuve de modestie.

12. On m'a averti que toutes les filles des Dupont seraient impossibles à surveiller, mais je n'ai eu des difficultés qu'avec _____ d' _____ elles.

13. Marguerite est censée être une fille simple, mais moi je trouve que sa personnalité a _____ aspects compliqués.

14. Tu seras déçu si tu achètes ton collier chez un bijoutier _____.

15. _____ des qualités que vous avez mentionnées doit être examinée à fond.

J (Section II)

Traduisez en français.

1. *Take any train that goes to Trois-Rivières.*

   _____

2. *I hope you won't see just any lawyer.*

   _____

3. *Here are the children. You have to talk to all of them.*

   _____

4. *His faith is such that nothing discourages him.*

   _____

5. *Has your boyfriend finished everything?*

   _____

6. *Frédéric is in a bad mood every two days.*

   _____

7. *Some of the guests came on time but several of them arrived after eleven.*

   _____

8. *The twenty candidates? I saw all of them in two hours.*

   _____

9. *Did you all go up to see Mimi?*

   _____

10. *Such children rarely have such a trait.*

K (Section III.A)

Refaites les phrases suivantes avec **ne... que** ou **ne faire... que**, si possible.

1. C'est seulement son caractère méfiant qui me déplaît.

   _____

2. Elle seule s'est plainte.

   _____

3. Béatrice n'est pas antipathique. Elle est seulement timide.

_____

4. Je me suis occupé de Georges seulement.

_____

5. Qui est-ce qui est soupe au lait ? Seulement Brigitte.

_____

6. Ne sois pas dur avec Monique. Elle parle franchement, c'est tout.

_____

7. Y a-t-il seulement Yves qui ait de la maturité ?

_____

8. Mireille est gentille seulement avec Pierrette.

_____

L (SECTION III.B)

Répondez aux questions à partir des éléments fournis.

1. Cette fille malhonnête cherche quelle sorte de mari ? (quelqu'un / facile / tromper)
   Elle cherche quelqu'un _____ facile _____ tromper.

2. Pourquoi as-tu éteint le téléviseur ? (rien / bon / regarder)

   _____

3. Qu'est-ce que vous voudriez faire ? (quelque chose / pas trop cher / réaliser)

   _____

4. Comment se fait-il que Philippe ait le cafard ? (personne / intéressant / inviter au bal)

   _____

M (SECTION III.C)

Complétez les phrases par **n'importe comment, où / quand, même, quelque** ou **tout**.

1. Jamais je n'engagerais l'assistant de Francine à cause de sa négligence. Quoi qu'on lui demande de faire, il le fait _____.

2. Il devait y avoir _____ 300 personnes à la manifestation.

3. _____ une fille antipathique comme Chantal serait incapable d'agir ainsi.

4. Robert est tellement fanatique du cinéma qu'on peut l'y inviter _____ même à minuit.

5. _____ en voulant bien m'aider, Georges est parti soudainement.

6. Et puis cet imbécile de Victor m'a juré qu'il me suivrait _____, même jusqu'en Sibérie.

7. Ta copine me semble _____ honnête, mais _____ l'honnêteté n'apparaît pas toujours comme une qualité attirante.

8. Est-ce que tes amies viennent _____ ensemble ?

9. Je trouve Josiane _____ vaniteuse.

10. Ma femme paraît _____ hésitante, malgré mes efforts pour la convaincre.

N TRADUISEZ EN FRANÇAIS.

1. *Francine is looking for somebody easy-going* (accommodant) *to invite to the reception.*

   _____

   _____

2. *Before they left home, neither my sister nor my brother was easy to get along with.*

   _____

   _____

3. *A woman such as you, Madame, has enough maturity to tolerate boastful people.*

   _____

   _____

4. *If you don't find anybody affectionate, will you be happy with someone polite ?*

   _____

   _____

5. *That energetic woman will go anywhere to find something challenging* (stimulant).

   _____

   _____

0 (SYNTHÈSE)

Voici une conversation entre un locataire et son concierge à propos d'un autre locataire des plus mystérieux. Fournissez les réponses qui manquent en utilisant chaque fois une expression négative ou indéfinie.

Le locataire :   Bonjour, M. Fleurier. Je viens de voir partir M. Baudouin. Est-ce que vous le voyez un peu plus souvent ces jours-ci ?

Le concierge :   _____

_____

Le locataire :   Non, moi je ne le vois parler avec personne. Entendez-vous encore ces drôles de bruits chez lui ?

Le concierge :   _____

_____

Le locataire :   Non, je n'entends rien d'autre. Est-ce qu'il y a souvent du monde chez lui ?

Le concierge :   _____

_____

Le locataire :   Mais c'est invraisemblable qu'une seule personne fasse de tels bruits. Oui, c'est tout à fait un cas spécial. Est-ce qu'il vous dit quelque chose parfois en sortant ?

Le concierge :   _____

Le locataire :   Et à votre femme ?

Le concierge :   _____

Le locataire :   Alors, vous avez l'impression qu'il n'a pas d'amis ?

Le concierge :   Non, _____ maintenant. Pourtant, vers Noël, une petite fille venait le voir deux fois par semaine.

Le locataire :   M. Baudouin, c'est peut-être son grand-père. Est-ce qu'elle vient toujours ?

Le concierge :   _____ depuis leNouvel an.

Le locataire :   Eh bien, je vais faire mes courses. Est-ce qu'il vous faut des légumes ou des fruits ?

Le concierge :   _____. Ma femme vient de faire son marché.

Le locataire :   Et vous, M. Fleurier, vous n'avez pas envie d'aller quelque part aujourd'hui ? À propos, pour ma sonnette en panne, je pourrais vous emmener chez le quincaillier...

Le concierge : _____. Je dois rester sur place car il y a une dame qui emménage aujourd'hui. Il paraît qu'elle est encore plus bizarre que notre ami Baudouin.

P ACTIVITÉS

Composition dirigée

Faites le portrait de la personne la plus difficile à vivre que vous ayez jamais connue ou que vous puissiez imaginer. Longueur : 300 mots. Incorporez dans la composition DIX des expressions suivantes et soulignez celles dont vous vous servez.

méfiant	complexé
vaniteux	indolent
sûr de soi	affectueux
entêté	courtois
sympathique	grossier
insupportable	irrésolu
avoir le moral à zéro	avoir des sautes d'humeur
modeste	avoir le cafard
franc	détendu
avoir le sens de l'humour	

Débat

Imaginez que vous pourriez « fabriquer » une personne idéale. Lui donneriez-vous seulement des qualités ou aimeriez-vous la doter aussi de certaines imperfections ? Chaque équipe gagnera, comme d'habitude, un point pour chaque expression du vocabulaire de ce chapitre correctement employée.

CHAPITRE 13

A (SECTION I.A)

Mettez les phrases suivantes à la voix passive.

1. Un tel divorce aurait scandalisé toute la famille.

   _____

2. Ta nouvelle situation transformera tes habitudes quotidiennes.

   _____

3. Un curé ne pourrait pas marier deux athées.

   _____

4. Une épaisse couche de poussière couvrait les fauteuils.

   _____

5. La presse populaire avait vivement critiqué ces aventures.

   _____

6. Une telle dispute ressusciterait sa vieille animosité.

   _____

7. Un fonctionnaire vérifiera l'authenticité de mon divorce.

   _____

8. Tout mon cercle d'amis respecte ta décision.

   _____

B (Section I.A.2)

Complétez par la préposition qui convient et faites les contractions qui s'imposent.

1. Les vainqueurs furent vite entourés _____ une foule d'admirateurs.

2. Ce despote était haï _____ tous ses sujets.

3. Je suis submergé _____ travail.

4. On a été accompagnés au commissariat _____ deux agents de police.

5. Cette pauvre ménagère est accablée _____ ennuis.

6. Si ton rhume est accompagné _____ frissons, il faut rester au lit.

7. Notre période de bonheur a été suivie _____ des querelles sans fin.

8. De Gaulle est-il toujours respecté _____ ses compatriotes ?

C (Section I.B)

Traduisez en français.

1. *They were advised to leave.*

   _____

2. *John was told not to marry.*

   _____

3. *She was asked to stay home.*

   _____

4. *We were ordered to cancel* (annuler) *our honeymoon.*

   _____

5. *Were you promised a new house ?*

   _____

D (Section I.B)

Mettez l'infinitif entre parenthèses au passif. S'il est impossible d'employer le passif, mettez un tiret (—).

1. Si nous avions pu être chez toi hier soir, la dispute (éviter) _____.

2. Quand la nouvelle (divulguer) _____, les ouvriers se mettront sûrement en grève.

3. Je ne veux pas que Marc (donner) _____ la garde des enfants.

4. Pourvu que la pension alimentaire (garantir) _____, ma cliente acceptera votre proposition.

5. Ma fille (punir) _____ si elle ne rentrait qu'à une heure du matin.

6. Après que Philippe et Jeannine (conseiller) _____ de se séparer, leurs scènes de ménage ont cessé.

7. Si notre famille (fonder) _____ plus tôt, notre vie aurait été beaucoup plus difficile.

8. Ce célibataire agit comme s'il (dire) _____ de fuir toute responsabilité.

9. Je regrette que leur séparation (ne pas autoriser) _____ hier.

10. Dès que l'homme au foyer (accorder) _____ son indépendance, il exigera autre chose.

E (SECTION I.C)

Complétez les phrases suivantes en mettant les éléments soulignés à la voix active ou à la voix pronominale. Il faut parfois changer l'ordre des mots soulignés. N'écrivez que la partie à changer.

Modèle 1

Vous lisez : Paul est mécontent que traiter il / le comme un enfant.

Réponse : qu'on le traite

Modèle 2

Vous lisez : ne pas résoudre de tels mystères du jour au lendemain.

Réponse : De tels mystères ne se résolvent pas

OU

---

1. Ma petite soeur serait furieuse si prendre lui sa nouvelle poupée.

_____

2. Tu me demandes si je suis jaloux de toi ? Ma chère, ne pas poser de telles questions.

_____

3. Je ne suis pas content de savoir <u>que considérer me / je</u> comme mal élevé.

    _____

4. Je ne crois pas que <u>servir le vin rouge</u> avec le poisson.

    _____

5. <u>Si ne pas pouvoir enlever les taches</u> de ma cravate, il faudra en acheter une autre.

    _____

6. Selon ma grand-mère, <u>ne guère tolérer les aventures</u> à l'époque de sa jeunesse.

    _____

7. À condition que <u>pouvoir persuader Michel</u>, il sera facile de réaliser votre projet.

    _____

F (SECTION II.A)

Complétez chaque question en intégrant les mots soulignés au tour factitif. Ensuite, donnez la réponse en gardant le tour factitif et en utilisant un pronom.

> ### Modèle
>
> **Vous lisez** : Veux-tu que je entrer tes parents ?
>   Oui, (impératif) _____ .
>
> **Réponse** : Veux-tu que je fasse entrer tes parents ?
>   Oui, fais-les entrer.

1. Es-tu certain que <u>Monique nettoyer</u> la maison hier ?

    _____

    Oui, il n'y a pas de doute qu'elle _____ .

2. Demain, est-ce que <u>tu remplacer</u> la batterie de ta voiture ?

    _____

    Non, je _____ .

3. Mardi dernier, est-ce que <u>maman examiner</u> grand-mère ?

    _____

    Oui, elle _____ par un médecin excellent.

4. Qu'aurais-tu fait <u>s'ils ne pas sortir</u> ton fils de prison ?

    _____

J'aurais écrit une lettre au procureur général s'ils _____

_____.

5. Aimerais-tu que <u>je monter</u> la concierge ?

_____

Oui, (impératif) _____.

G (Section II.B)

Refaites les phrases suivantes en utilisant le tour factitif. Mettez par devant celui ou celle qui fait l'action de l'infinitif.

Modèle

Vous lisez : Jacques a prié Hélène de rassurer Michel.

Réponse : Jacques a fait rassurer Michel par Hélène.

---

1. Marlo priera mon fils de réparer son téléviseur.

_____

2. J'ai demandé que les enfants invitent ton neveu.

_____

3. Ordonneras-tu à Martin de faire le ménage ?

_____

4. Nous allons exiger que Pierre repeigne notre salle à manger.

_____

5. Les Soeurs de la Charité demanderont à un philanthrope d'équiper le nouvel hôpital.

_____

6. Demande aux voisins de baisser le volume de la télé.

_____

H (SECTION II.B)

Répondez aux questions en utilisant le tour factitif avec des pronoms.

> ### Modèle
>
> **Vous lisez** : Est-ce que les enfants ont rangé leur chambre ?
> Non, et je veux que tu _____.
>
> **Réponse possible** : Non, et je veux que tu la leur fasses ranger.

1. Est-ce que Marie a sorti les ordures ?

   Non, (impératif) _____ tout de suite !

2. Est-ce que tes parents ont visité le musée d'Orsay, à Paris ?

   Oui, je viens de _____.

3. Allons-nous gagner du temps ?

   Oui, le patron _____.

4. Avez-vous adopté l'autre méthode ?

   Oui, le directeur _____.

5. Est-ce que ton fils a acheté la maison à côté de chez toi ?

   Oui, et c'est moi qui _____.

6. Où est-ce que tu as connu David ?

   C'est à Montréal que Micheline _____.

I (Section II.C.1)

Répondez aux questions en employant **se faire** + infinitif et en intégrant dans la réponse les éléments fournis.

Modèle

Vous lisez : Pourquoi Paul sourit-il ?
venir de / accorder / une augmentation de 20 %.

Réponse : Parce qu'il vient de se faire accorder une augmentation de 20 %.

---

1. Comment Brigitte a-t-elle pu partir à 14 heures ?
   excuser / en raison de / un deuil / dans la famille

   _____

2. Qu'aurais-tu fait si ta femme n'était pas venue te chercher ?
   transporter / à la clinique / dans une ambulance

   _____

3. Est-ce que Véronique habitait encore avec ses parents quand tu es allé la voir ?
   non / déjà / construire sa maison

   _____

4. Comment se fait-il que tu aies l'air si content de toi ?
   inviter / à l'ambassade / de France / hier soir

   _____

5. Maman, pourquoi me défends-tu de jouer devant la maison ?
   écraser / par un camion / tôt ou tard

   _____

6. Pourquoi es-tu jalouse de Richard ?
   présenter / au Premier ministre / du Québec / vendredi dernier

   _____

J (Section III)

Répondez aux questions en mettant le verbe indiqué au passé composé et en utilisant des pronoms.

Modèle

Vous lisez : Est-ce que les enfants se sont disputés ?(je / entendre)

Réponse possible : Oui, je les ai entendus se disputer.

---

1. Est-ce que Juliette est sortie avec Paul ? (son père / laisser)

   Non, _____

2. Est-ce que Barbara a gagné sa course ? (nous / regarder)

   Oui, _____

3. C'est vrai que Rachel s'est excusée ? (tout le monde / entendre)

   Oui, _____

4. Est-ce que tes enfants fument ? (je / ne jamais / laisser)

   Non, _____

5. Mes amis, est-ce que vous avez pu passer ce film si controversé ?
   (les censeurs / laisser)

   Non, _____

6. Est-ce que François et Suzanne ont fait le ménage ? (je / voir)

   Oui, _____

7. La voiture de Michel a explosé ? (nous / entendre)

   Oui, _____

8. Est-ce que tes copains se sont réconciliés ? (je / voir)

   Oui, _____

K TRADUISEZ EN FRANÇAIS.

1. *I've been told that Norbert has just gotten divorced.*

    _____

2. *A large family would not be allowed to occupy such a small apartment.*

    _____

3. *An impartial judge would have let that single father have custody.*

    _____

4. *Did the housewives watch the children fight without doing anything?*

    _____

5. *He was advised to raise his only daughter by himself.*

    _____

L ACTIVITÉS

Composition dirigée

La condition féminine a beaucoup changé depuis trente ans. Quels sont les libertés et les choix que les femmes ont gagnés ? À quels nouveaux problèmes les femmes d'aujourd'hui doivent-elles faire face ? Longueur : 300 mots. Incorporez dans la composition DIX des expressions suivantes et soulignez celles dont vous vous servez.

rompre avec	vivre en couple
union de fait	alliance
se mettre en ménage	avoir des scènes de ménage
partager	
les travaux ménagers	famille nombreuse
faire l'éducation	
des enfants	un fils / une fille unique
faire bon ménage	une femme / un homme au foyer
soutien de famille	former un ménage uni / désuni
faire le ménage	

Débat

« L'amour est une chose trop fragile pour servir de base au mariage. » Comme d'habitude, chaque équipe gagnera un point pour chaque expression du vocabulaire de ce chapitre correctement employée.

CHAPITRE 14

A (SECTION I.A)

Donnez la forme appropriée de l'infinitif : présent ou passé, actif ou passif.
Ajoutez aussi les prépositions qui manquent.

1. Après (se marier) _____ , est-ce que toi et Nanette achèterez
   une maison ?

2. Nous regrettons (ne pas arriver) _____ à l'heure pour la conférence
   d'hier.

3. La signature n'a pu (vérifier) _____ qu'après le procès.

4. Après (commettre) _____ ce crime, vous en êtes-vous repenti ?

5. L'accusé ne s'attendait pas (condamner) _____ à une peine de vingt
   ans.

6. Avant (dévaliser) _____ la banque, M. Portelance s'est rendu à son
   agence de voyages prendre les billets pour le Brésil.

7. Si tu as peur (poursuivre) _____ en justice, ne copie pas cette
   chanson.

8. Étiez-vous contents (se voir) _____ la veille ?

9. Après (critiquer) _____ par le juge, mon avocate a changé de
   tactique.

10. Ma copine se réjouit (acquitter) _____ par le jury lundi dernier.

B (Section I.B)

Vous parlez de la succession de votre oncle richissime qui vient de mourir. On ne sait pas encore qui va hériter de quoi, alors vous vous interrogez sur le contenu de son testament. Complétez les phrases suivantes par un infinitif, précédé de **de**, **à**, **par**, ou **rien**. Vous pouvez naturellement ajouter d'autres éléments après l'infinitif.

1. Je suis sûr(e) que ses enfants viendront

   _____

2. Les avocats de sa femme finiront

   _____

3. Sa nièce affirme

   _____

4. Il faudra que je demande

   _____

5. Toute la famille continuera sans doute

   _____

C (Section I.B)

Vous êtes un avocat qui interroge un témoin lors d'un procès intenté à la suite d'un cambriolage. Mêmes directives que pour l'exercice précédent.

1. Niez-vous _____ ?

2. Êtes-vous sûr _____ ?

3. Croyez-vous _____ ?

4. À quel moment en êtes-vous venu _____ ?

5. Aviez-vous l'habitude _____ ?

D (SECTION I.B)

Combinez les phrases en mettant un infinitif présent ou passé après le verbe principal.

> ### *Modèle*
>
> **Vous lisez :** Voici pourquoi Georges est content : il n'a reçu qu'une peine avec sursis.
>
> **Réponse :** Georges est content de n'avoir reçu qu'une peine avec sursis.

1. Voici ce que l'accusée a déclaré : elle n'était jamais allée voir la victime.

   _____

2. Voici ce que le plaignant s'imaginait : il avait été dupé par mon mari.

   _____

3. Voici ce que le juge a décidé : il ne permettrait pas à l'accusé de se défendre tout seul.

   _____

4. Voici ce que je regrette : je me suis mariée avec un homme choisi par mes parents.

   _____

5. Voici ce que le prisonnier espérait : qu'il serait bientôt libéré.

   _____

6. Voici ce que le notaire pensait : qu'il ne pouvait pas appliquer la loi.

   _____

E (SECTION I.B)

Ajoutez les prépositions qui manquent. Mettez un tiret (—) si aucune préposition n'est requise.

1. Le diplomate a raconté une histoire _____ dormir debout.

2. Le juge a-t-il eu raison _____ refuser mon témoignage ?

3. Serait-il permis _____ tenir les héritiers au courant ?

4. Cette amende sera impossible _____ payer.

5. Le malade n'était pas sûr _____ avoir consulté un notaire.

6. Il sera difficile _____ intenter un procès à ce vendeur.

7. La circulation de Montréal n'est pas facile _____ régler.

8. Ma mère a été furieuse _____ apprendre mon agression.

9. Ton beau-frère s'imagine _____ être la victime d'une fraude.

10. Ce contrat est le troisième _____ faire l'objet d'une enquête.

11. Je n'ai plus besoin de ma machine _____ écrire.

12. L'avocat n'a pas pris le temps _____ m'interroger.

13. L'accusé a nié _____ avoir été sur les lieux du crime.

14. Après trois heures d'interrogatoire, le cambrioleur a fini _____ tout avouer.

15. Vous devriez penser maintenant _____ préparer vos arguments juridiques.

F (Section II.A.4)

Remplacez des éléments de chaque phrase par **excepté**, **y compris**, **passé** ou **vu**.

> ### Modèle
>
> **Vous lisez** : Tous les contrats y étaient prêts, à l'exception du tien.
>
> **Réponse** : Tous les contrats étaient prêts, excepté le tien.

1. Après 19 heures, la circulation est plus facile à régler.

   _____

2. Tous les héritiers, Jeannine aussi, allaient contester le testament.

   _____

3. Pour cause d'excès de vitesse, on va lui imposer une amende de 50 $.

   _____

4. Exception faite des successions, ce notaire met un temps fou à préparer ses documents.

   _____

5. À cause des preuves peu solides, je vous déconseille d'intenter un procès.

   _____

G (SECTION II.B.1)

Donnez l'adjectif qui correspond à l'infinitif entre parenthèses.

1. Je vais chercher un avocat (différer). _____
2. Il s'agit de trouver une réponse (équivaloir). _____
3. Quelles histoires (fatiguer) ! _____
4. Je trouve ton explication peu (convaincre). _____
5. Le congrès aura lieu dans deux salles (communiquer). _____
6. Le juge n'a-t-il pas été (négliger) ? _____

H (SECTION II.B.2)

Refaites les phrases suivantes en y incorporant un participe présent. Récrivez seulement la partie à changer.

> ### Modèle
>
> **Vous lisez** : Puisque le procès avait commencé en retard, le juge s'est vu dans l'obligation de l'interrompre à 17 h.
>
> **Réponse** : Le procès ayant commencé en retard...

1. Comme elle s'était mariée deux semaines avant le procès, Mme Sévigny a eu la permission de remettre ses obligations de juré.

   _____

2. Après avoir changé d'avis, le témoin principal du plaignant a fondu en larmes.

   _____

3. J'ai découvert les cambrioleurs qui fouillaient dans mes tiroirs.

   _____

4. M. Dufour a prononcé son jugement ; il a condamné mon mari à une peine de 15 ans.

5. Existe-t-il des précautions spéciales pour ceux qui poursuivent un parent en justice ?

_____

6. M. Lenotre s'est décidé à léguer tous ses biens à l'État. Ensuite il a engagé une agence de sécurité pour se protéger contre ses enfants.

_____

7. Seuls admissibles sont les étudiants qui ont obtenu au moins B.

_____

8. Étant donné qu'elle ne craint pas les répercussions de son acte, Mme Simplon refuse toute protection policière.

_____

I (SECTION II.B.2.D)

Récrivez la partie soulignée des phrases suivantes en utilisant l'élément indiqué.

> ### Modèle
>
> **Vous lisez** : Aussitôt que ta peine sera purgée, ta vie recommencera. (Une fois)
>
> **Réponse** : Une fois ta peine purgée...

1. Quand le testament a été signé, les héritiers se sont déclaré satisfaits. (Dès)

_____

2. Dès qu'elle se fut calmée, Mme Pétard fit un témoignage exemplaire. (Une fois)

_____

3. Dès que l'accusé eut été acquitté, sa fille vint l'embrasser. (Sitôt)

_____

4. La grande salle ayant été vidée, la police entra. (Une fois)

_____

5. Aussitôt que la plaignante aura été questionnée, on entendra prononcer la sentence. (Sitôt)

_____

J (SECTION II.B.3)

Transformez une partie des phrases suivantes en une construction au gérondif (**en** ou **tout en** + participe présent). Il faudra parfois joindre deux phrases.

Modèle

Vous lisez : Le témoin a eu une crise cardiaque au moment où il confirmait mon explication.

Réponse : En confirmant mon explication, le témoin a eu...

---

1. Les agents sont tombés sur un vol à main armée pendant qu'ils patrouillaient.

   _____

2. Grâce au fait qu'elle a arrêté le gangster à temps, la police a réussi à prévenir l'assassinat.

   _____

3. Même si elle est sûre d'hériter de la majeure partie de la succession, Béatrice n'a guère l'air contente.

   _____

4. Mme Rozon a effectué un détournement de fonds. C'est ainsi qu'elle a pu s'offrir deux mois à Rio.

   _____

5. L'accusé était sans doute chez sa copine au moment où il faisait retirer les fonds par un complice.

   _____

6. Pendant que vous étudiiez le dossier du plaignant, avez-vous remarqué des faits contradictoires ?

   _____

7. La compagnie poursuivra l'ex-président en justice. Voilà comment elle prendra sa revanche pour le vol des renseignements confidentiels.

   _____

8. Mon client se croit victorieux, même s'il doit payer une amende.

   _____

K Traduisez en français.

1. *The suspect's lawyer provided a piece of evidence that demolished the plaintiff's arguments.*

   _____

   _____

2. *Even though he looked frail, the attacker was sentenced to five years in prison.*

   _____

   _____

3. *The R.C.M.P. had been doing an investigation on that embezzlement for several months.*

   _____

   _____

4. *By suing the store owner, the burglar succeeded in guaranteeing his heirs a considerable estate.*

   _____

   _____

5. *Winning a lawsuit is not enough. What matters is being able to pay the lawyers.*

   _____

   _____

L Activités

Composition dirigée

Racontez au passé un procès criminel réel ou inventé. Longueur : 300 mots. Incorporez dans la composition au moins DEUX emplois du participe présent, DEUX emplois du gérondif, ainsi que DIX des expressions suivantes. Soulignez les participes, les gérondifs et les expressions dont vous vous servez.

juge	accusé(e)
plaignant(e)	condamner à une peine de X ans de prison
infraction	délit

commettre	meurtre
vol	cambriolage
agression	cambrioler
fraude	détournement de fonds
mener une enquête	procéder à l'arrestation
faire appel	amende
peine avec sursis	preuve

Saynète

Aujourd'hui, notre feuilleton traite de la succession du Dr Charles Lemoine, spécialiste renommé de chirurgie esthétique qui vient de décéder. Veuf, il n'a laissé comme héritiers que ses trois enfants, qui se détestent évidemment. La classe se divisera en groupes de trois ou quatre qui écriront le scénario, puis le joueront. Comme d'habitude, chaque équipe gagnera un point pour chaque expression du vocabulaire de ce chapitre correctement employée.

CHAPITRE 15

EXERCICES ÉCRITS

A (SECTION I.A)

Transformez les phrases en style indirect.

1. « Il faut que vous preniez la parole. »
   Le président de la séance m'a dit

   _____

2. Cette campagne électorale nous a demandé un travail fou. »
   Un ministre a déclaré

   _____

3. « L'accusé avait adhéré au Parti progressiste-réactionnaire en 1980. »
   Le procureur vient de me dire

   _____

4. « La fonction publique est devenue un abri pour vos incompétents ! »
   Un manifestant s'est exclamé devant le député

   _____

5. « Si vous ne faites pas silence, je vais lever la séance. »
   À 16 h 30, le président du comité a dit

   _____

6. « Il sera nécessaire que notre parti fasse élire au moins 40 députés. »
   Le chef du nouveau Parti semi-progressiste a fait savoir à ses fidèles

   _____

7. « Personne ne prendra au sérieux votre projet de loi. »
   Le chef de l'opposition a signalé au premier ministre

   _____

8. « Nous nous sommes toujours efforcés de promouvoir les intérêts de tous les gouvernés. »
Le Conseil exécutif allait sans doute déclarer

_____

B (Section I.B)

Mettez les impératifs suivants au discours indirect.

1. « Dépêchons-nous de nous habiller. »
L'animateur a suggéré à son groupe

_____

2. « Allez-vous-en ! »
Finalement, le porte-parole nous a dit

_____

3. « Méfie-toi de ces promesses électorales. »
Le membre du syndicat m'a conseillé

_____

4. « Soyez sûrs de votre choix avant de remplir votre bulletin de vote. »
Le juge a recommandé vivement aux nouveaux citoyens

_____

5. « Ne faites plus attention à cette propagande. »
Le professeur a prié ses élèves

_____

6. « Ne détenez jamais le pouvoir seulement pour le détenir. »
L'homme politique a conseillé aux jeunes dirigeants

_____

7. « Détruisons au plus vite ce régime pourri. »
Le chef de l'extrême-gauche a proposé à ses partisans

_____

8. « Ne craignez pas les résultats du scrutin. »
Le leader du Parti semi-progressiste a dit à ses collègues

_____

C (Section I.C)

Mettez les questions suivantes au discours indirect.

1. « Est-ce que les élections se produiront en automne ? »
   Le journaliste a demandé

   _____

2. « Qui est-ce que les Libéraux ont nommé juge ? »
   Votre député a insisté pour savoir

   _____

3. « Quand vous occuperez-vous des réformes du Sénat, vous et vos collègues ? »
   Le candidat a demandé à son adversaire

   _____

4. « Que veut dire votre changement de politique ? »
   L'élève a demandé au ministre

   _____

5. « Pourquoi est-ce que nous nous sommes tellement attardés à discuter de ce projet de loi ? »
   Le jeune député a voulu savoir

   _____

6. « Est-ce qu'un régime libéral ne mènera pas au chaos si le peuple n'a pas un niveau minimal d'instruction ? »
   Un étudiant en science politique a demandé

   _____

7. « N'allez-vous pas me donner la parole ? »
   La seule femme de la table ronde a fini par demander au président

   _____

8. « Les groupes ethniques ne commencent-ils pas à militer contre certains privilèges que détiennent encore les élites socio-économiques ? »
   Le représentant du Parti communiste voulait savoir

   _____

D (Section I)

Mettez au discours indirect les phrases suivantes. Faites attention aux changements d'expressions de temps.

1. « Le gouvernement de mon pays a été défait hier. »
   L'ambassadeur a expliqué

   _____

2. « Les réformes agricoles débuteront l'année prochaine. »
   Le porte-parole du ministère a annoncé

   _____

3. « Il y a deux jours, je me suis pliée à la volonté du parti. »
   Madame Dollard nous a rappelé

   _____

4. « Combien de sièges vous attendez-vous à gagner après-demain ? »
   J'ai demandé au chef du NPD

   _____

5. « Notre parti est prêt à constituer un gouvernement aujourd'hui. »
   Deux députés de Montréal ont signalé

   _____

6. « Dans deux semaines, nous aurons gagné la confiance de tous. »
   Le premier ministre nous a rassurés

   _____

7. « N'hésitez pas à soulever votre objection demain devant vos collègues. »
   Mon professeur d'anglais m'a dit

   _____

8. « Je vous appuierai tous demain. »
   Notre député nous a garanti

   _____

E (SECTION I)

Récrivez la conversation suivante au discours indirect. En plus des verbes usuels comme **dire**, **demander**, et **répondre**, utilisez des verbes introductifs plus expressifs tels que **informer**, **déclarer**, **ajouter**, **faire savoir**, **expliquer**, **avouer**, **vouloir**, **savoir**, **rétorquer**, **s'exclamer**, **avouer**, **accuser**, **conseiller**, **recommander**, **suggérer**, **avertir**, ...

François : Quel cauchemar je suis en train de vivre ! J'en ai assez d'étudier, je me suis décidé il y a deux mois à m'évader l'année prochaine, et ce matin papa m'a fait une belle surprise qui a anéanti mes splendides projets.

_____

_____

_____

_____

Yves : Est-ce qu'il fait encore pression sur toi pour que tu te maries ?

_____

_____

François : Ah, ça fait longtemps qu'il cherche des moyens beaucoup plus insidieux d'intervenir dans ma vie. Si j'abandonne mes études après ce trimestre, papa me déshéritera. Quand arrivera le mois de septembre, il faudra que je sois de nouveau bien installé à la résidence universitaire. Autrement, je serai obligé de chercher un travail ; il ne sera donc plus question de visiter l'Inde avec Susie.

_____

_____

_____

_____

Yves : Pourquoi ne pas te faire inscrire à la résidence, puis partir ensuite avec ta copine ?

_____

_____

François :   Tu es un vrai génie, toi! Est-ce que tu prends papa pour un imbécile ? Je ne pourrai pas quitter l'université une seule minute sans qu'il s'en aperçoive.

_____

_____

_____

Yves :   Eh bien, tu devrais lui expliquer tes projets, lui dire que l'Inde sera pour toi une expérience éducative qui vaudra bien une année d'université.

_____

_____

_____

François :   Hélas, j'ai déjà essayé le chemin de la raison. Quand papa a une idée fixe, c'est comme si c'était gravé dans la pierre. Quelque solides que soient mes arguments, il ne les écoute jamais.

_____

_____

_____

Yves :   Mais pourquoi tient-il tellement à ce que tu obtiennes ton diplôme au plus vite ? Ce n'est sûrement pas pour des soucis d'argent !

_____

_____

François :   Il veut absolument que je m'installe aussitôt que possible à l'usine. Je crois qu'il a peur de mourir soudainement, après la crise cardiaque qu'il a eue il y a deux ans.

_____

_____

_____

Yves :   Toi, tu insistes pour avoir ton année d'indépendance, et lui désire garantir que son usine ne se trouve pas sans directeur. Est-ce qu'il n'y a que toi qui puisse être le prochain directeur ?

_____

_____

François : Mais rappelle-toi que c'est le but que je me suis fixé à l'âge de douze ans. Comment oses-tu t'imaginer que j'y renonce ?

_____

_____

Yves : Si je ne te connaissais pas depuis trois ans, je te prendrais pour un petit monstre gâté. Est-il si inconcevable pour toi d'échapper à ton père ? Peut-être te respectera-t-il finalement si tu persistes à suivre tes projets de voyage.

_____

_____

_____

François : C'est évident que tu ne comprendras jamais mon dilemme. Comment veux-tu que j'emmène Susie en Inde sans l'aide de papa ?

_____

_____

Yves : Je vais te proposer une solution que tu trouveras inimaginable : cherche-toi un emploi. À moins que « papa « ne cesse d'être pour toi une tirelire (*piggybank*), tu te plaindras encore l'année prochaine après que Susie aura rompu avec toi parce qu'elle ne pourra pas visiter l'Inde.

_____

_____

_____

_____

F (Section II.A)

Exprimez d'une autre façon la partie soulignée des phrases suivantes en utilisant devoir.

Modèle

Vous lisez : Il faut que tu te confesses aussitôt.

Réponse : Tu dois te confesser.

---

1. Mes collègues de travail se réjouissaient parce que leur délégué <u>avait sans doute remporté</u> la victoire.

   _____

2. Tu as monopolisé le débat pendant vingt minutes ? Mais <u>il aurait mieux valu que tu donnes</u> la parole à quelqu'un d'autre.

   _____

3. Selon les théoriciens de la réforme fiscale, la classe dominante <u>sera obligée d'assumer</u> une responsabilité financière plus importante.

   _____

4. Vous auriez <u>intérêt à promulguer</u> une loi interdisant la censure.

   _____

5. Mon patron <u>soutient probablement</u> le candidat conservateur.

   _____

6. Les manifestants <u>exigeaient sans doute</u> la démission du nouveau juge.

   _____

7. Vous avez reçu deux votes seulement ? <u>Ah, si seulement vous vous étiez prononcé</u> sur le sujet de l'alcool !

   _____

8. Mon mari a l'air frais et dispos parce qu'il <u>s'est sûrement endormi</u> lors du débat des candidats.

   _____

9. Marc a fini par dire son mot parce qu'<u>il fallait que nous nous prononcions</u> sur la question du bilinguisme.

   _____

10. <u>Il vaudrait mieux que tu te joignes</u> à l'opposition.

G (SECTIONS II.B ET II.C)

Complétez les phrases en utilisant **savoir**, **pouvoir**, ou **connaître**. Attention aux modes et aux temps.

1. Si tu _____ nous accompagner au bureau de scrutin, tu aurais vu que tout se passait sans problème.

2. Quand leur parti a gagné l'élection, je _____ depuis des mois que notre défaite était inévitable.

3. Pensez-vous que Paul _____ le Brésil ?

4. Aussitôt que vous _____ annoncer les résultats du sondage, j'organiserai une conférence de presse.

5. Je _____ organiser une campagne électorale, mais je ne _____ pas organiser la vôtre en ce moment parce que j'ai d'autres engagements.

6. Pourvu que vous _____ assister à la manifestation, papa n'aura pas à quitter la maison.

7. Est-il possible qu'un dictateur _____ mieux gouverner que le chef d'une démocratie ?

8. Le ministre a dit que si les Libéraux _____ mieux le chemin du pouvoir que les Conservateurs, c'était tout simplement parce qu'ils avaient détenu plus longtemps le pouvoir.

9. Afin de réussir comme chef d'un parti, il faut _____ séduire.

10. Après que les militants _____ faire élire leur délégué, notre parti perdra sûrement sa base d'appui.

11. Pierrette n'a pas voté parce qu'elle ne _____ pas quitter son lit ce jour-là.

12. Si tu _____ que la droite favorisait une augmentation des impôts, est-ce que tu continuerais à l'appuyer ?

H (Section II)

Traduisez en français.

1. *You shouldn't leave now.*

   _____

2. *Of course I can skate, but I can't do it today.*

   _____

3. *I had known Marie for three months when she had to leave school.*

   _____

4. *I shouldn't have said that.*

   _____

5. *The farmers' demonstration must have been cancelled.*

   _____

6. *Do you know if Simon knows your mother?*

   _____

7. *I told her I had to leave.*

   _____

8. *My friends had to support another candidate.*

   _____

I Synthèse

Cet exercice a pour but de réviser la plupart des temps verbaux. Mettez les verbes entre parenthèses à la forme qui convient. Si vous trouvez un point d'interrogation entre parenthèses (?), mettez la forme correcte de **savoir**, **connaître**, ou **pouvoir**. Faites aussi les élisions qui s'imposent.

On m'a poussé dans la salle d'armes et je (entendre) _____ fermer la porte derrière moi. D'abord je (devoir) _____ (s'habituer) _____ à la pénombre. Puis je (s'étonner) _____ de voir un homme robuste à genoux et une femme assise qui (se regarder) _____ fixement l'un l'autre. Ils (devoir) _____ se disputer depuis un certain temps, car ils (avoir) _____ tous deux le visage rouge de colère.

Après (se lever) _____, la femme (sortir) _____ son épée du fourreau (*sheath*) et (la plonger) _____ dans le coeur de l'homme. En (voir) _____ tout cela, je (avoir) _____ une peur bleue. Je (?) _____ que si elle (être) _____ capable de tuer cet homme robuste, elle (?) _____ bien en tuer un autre plus faible. Et moi, je (oublier) _____ de porter mon épée ce matin-Ià.

Alors je (décider) _____ de faire semblant de (ne pas voir) _____ ce qui (se passer) _____, bien que le plancher (être) _____ couvert de sang. À ce moment-là, je (devoir) _____ réprimer une forte envie de vomir, car la scène me (paraître) _____ si atroce. La femme (ne pas s'apercevoir) _____ tout de suite de ma présence, parce qu'elle (ne pas ?) _____ rentrer l'épée dans son fourreau. Mais ce geste accompli, elle (lever) _____ les yeux et me (jeter) _____ un regard furieux. Naturellement, je (ne pas ?) _____ que faire. Si je (ne pas laisser) _____ mon épée au château, nous (se battre) _____ en duel. Et peut-être que je (remporter) _____ la victoire, comme je la (remporter) _____ toujours, autrefois, quand je (se battre) _____ contre les femmes. Mais me (trouver) _____ sans arme, il me semblait évident que je (ne pas ?) _____ (se battre) _____.

Qu'est-ce que vous auriez fait à ma place, si vous (se trouver) _____ en face de cette femme folle ? Est-ce que vous (crier) _____ au secours ? Ou est-ce que vous (se laisser) _____ couper en deux ? Quand vous (trouver) _____ une réponse valable, (dire) _____ -la-moi. (perdre) _____ la mémoire, je (ne plus ?) _____ comment le tout s'est terminé. Si vous (?) _____ des personnes pareilles, vous pourrez sans doute proposer une fin quelque peu croyable à cette lamentable histoire.

J | TRADUISEZ EN FRANÇAIS.

1. *The Conservative Party members should have supported the bill which was supposed to protect bilingualism.*

   _____

   _____

2. *The militants said that those who were canvassing for votes must have neglected the working-class districts.*

   _____

   _____

3. *The Member (of Parliament) promised he would take the floor so that the amendment would be tabled in time.*

_____

_____

4. *I asked a certain actor if he would join the Socialist Party when he had finished his latest film.*

_____

_____

5. *The leader of the opposition indicated that the civil service knew the circumstances which had led to the minister's resignation.*

_____

_____

K Activités

Composition dirigée

Commentez la citation suivante : « Pour réussir en politique, un excès de scrupules peut être un inconvénient. » Longueur : 300 mots. Incorporez dans la composition DIX des expressions suivantes et soulignez celles dont vous vous servez.

gouvernés	démocratie
droite	gauche
adhérer	électeur (-trice)
propaganda	sondage
opposition	légiférer sur
couche sociale	classe dominante
être partisan de	détenir le pouvoir
système parlementaire	Sénat
régime totalitaire	député
citoyen(ne)	siéger
déposer un projet de loi	

Saynète

Un député fédéral, fraîchement élu et un peu naïf, doit faire face à divers groupes de pression. La classe se divisera en groupes de trois ou quatre qui écriront le scénario, puis le joueront. Comme d'habitude, chaque équipe gagnera un point pour chaque expression du vocabulaire de ce chapitre correctement employée.

Corrigé

Chapitre 1

Exercice A : 1. je reçois ; vous recevez 2. elle ment ; nous mentons 3. vous surprenez ; ils surprennent 4. nous rinçons ; toi et lui rincez 5. ils font ; vous faites 6. j'offre ; vous et moi offrons 7. tu vaux ; il vaut 8. je tiens ; elles tiennent 9. vous résolvez ; Marc résout 10. tu plais ; ils plaisent 11. elle fuit ; toi et moi fuyons 12. je crains ; ils craignent 13. nous nous battons ; tu te bats 14. il envoie ; vous envoyez 15. je m'assieds / je m'assois ; ils s'asseyent / ils s'assoient 16. nous rions ; elles rient 17. tu rougis ; vous rougissez 18. il court ; ils courent 19. je rejoins ; nous rejoignons 20. elle vainc ; vous vainquez

Chapitre 2

Exercice A : 1. a résolu 2. ont surpris 3. sont revenues 4. ne les ai pas crus 5. as vécu 6. est née 7. ont emmenés 8. a plu 9. a déçus 10. a ouvert 11. n'a pas plu 2. ont dû 13. a écrit 14. avez rentré 15. n'ai pas encore lus 16. as mis 17. ont atteint 18. est morte 19. n'ai pas suivi 20. a ri 21. a rougi ; est tombée 22. n'ai jamais voulu 23. a distrait 4. a souffert 25. s'est tue

Exercice B : 1. mangeait 2. jetait 3. dénonçais 4. fortifiions 5. menaçaient 6. voyagions 7. battais 8. appelait 9. riiez 10. emmenait

Chapitre 3

Exercice A : 1. taire 2. savoir 3. tenir 4. croire 5. vivre 6. recevoir 7. résoudre 8. voir 9. devoir 10. prendre

Chapitre 6

Exercice A : 1. la 2. la 3. une 4. le . du ; du 6. un 7. un ; un 8. le ; du 9. le 10. la

Exercice B : 1. chameau 2. épouse 3. mécanicienne 4. canard 5. loup 6. farceuse 7. chatte 8. patronne 9. secrétaire 10. caissier 11. idiote 12. ambassadrice

Exercice C : 1. récitals 2. bijoux 3. chefs-d'oeuvre 4. rails 5. trous 6. arrière-pensées 7. timbres-poste 8. voeux 9. cieux 10. portes-fenêtres 11. pneus 12. tuyaux 13. grands-mères 14. garde-boue 15. tire-bouchons

Chapitre 7

Exercice A : 1. courrons 2. pourront 3. assiéras / assoiras 4. aurez 5. viendrai 6. faudra 7. verrons 8. mourra 9. feras 10. iront 11. enverra 12. devrai

Chapitre 9

Exercice A : 1. (ne) reçoives ; j'aille 2. ne puisse pas 3. plaise 4. (ne) meure 5. faille ; soit 6. (ne) pleuve 7. ne vouliez pas 8. permettre 9. voie 10. ait 11. rougisse

Exercice B : 1. aient réussi 2. se soit abstenue 3. ait pu 4. soient parties 5. se soient parlé 6. (n')aient tué

Chapitre 10

Exercice A : 1. cette 2. cet 3. ces 4. ce 5. ces 6. cet 7. ce 8. cette 9. ce 10. cet

Au propriétaire de cet ouvrage :

Nous aimerions avoir votre opinion sur **Mise au point, 3ᵉ édition, Cahier d'exercices écrits** par Michael Kliffer. Vos commentaires nous sont précieux car ils nous permettent d'améliorer la qualité de cet ouvrage au fur et à mesure de ses rééditions. Ayez l'amabilité de remplir le questionnaire ci-dessous.

1. Pour quelles raisons avez-vous utilisé ce manuel ?
   _____ cours d'université   _____ intérêt personnel
   _____ cours de collège   _____ autre raison (précisez)

2. Vous avez utilisé
   _____ le cahier au complet   _____ plus de la moitié
   _____ la moitié   _____ moins de la moitié

3. Quelles sont, d'après vous, les principales qualités de cet ouvrage ?

4. Avez-vous des suggestions à faire, des points à rajouter ou à supprimer ?

5. Autres commentaires _____
   _____

(plier ici et prière de cacheter)

MAIL ➤ **POSTE**

Canada Post Corporation / Société canadienne des postes

Postage paid   **Port payé**
If mailed in Canada   si posté au Canada

Business   **Réponse**
Reply   **d'affaires**

0116870**399**   **01**

0116870399-M8Z4X6-BR01

Larry Gillevet
Director of Product Development
HARCOURT CANADA LTD.
55 HORNER AVENUE
TORONTO, ONTARIO
M8Z 9Z9